Leben in der Spur des Todes

www.aquensis-verlag.de

Pamela Katharina Körner

Leben in der Spur des Todes

Der Unfalltod meiner Familie und die Reise ins Leben danach

AQUENSIS®
MENSCHEN

Mein Sohn Karl

† 13. August 2005

Mein Lebensgefährte Kai

† 13. August 2005

Mein Bruder Stephan

† 13. August 2005

Ich widme dieses Buch

meinem Lebensgefährten Kai,
meinen Brüdern Stephan und Michael
und meinen Kindern Karl, Lina und Anna
sowie allen anderen Kindern in unserer Familie,
die nicht leben durften.

Überleben

1

Fast alles hatte ich an diesem Samstag erledigen können, was an Vorbereitungen für die festliche Taufe von Karl, Lina und Anna am nächsten Tag zu tun war. Es sollte ein großer Tag der Freude werden! Kai, mein Lebensgefährte, unser drei Jahre alter Sohn Karl und mein Bruder Stephan waren am Vormittag von Kais bestem Freund zu einer Auto-Ausfahrt abgeholt worden, mit einem schicken Jaguar mit fast 400 PS.

Jetzt, am späten Nachmittag, war ich zwar etwas geschafft, aber zufrieden und voller Vorfreude. Die Zwillingsmädchen Lina und Anna, die kurz vor ihrem zweiten Geburtstag standen, hielten im Kinderzimmer ihren gewohnten Mittagsschlaf und ich begann, das Abendessen für uns alle vorzubereiten. Kais Freund sollte an diesem Abend natürlich mit am Tisch sitzen.

Es war gegen 17 Uhr, als ich die Türklingel hörte.

„Meine Familie kommt von ihrem Ausflug zurück", dachte ich und ging zur Tür, „bestimmt haben sie Hunger, und ich bin noch nicht fertig mit dem Abendbrot."

Es waren nicht meine drei und Kais bester Freund, wie ich erwartet hatte – vor der Tür stand ein Polizist, begleitet von zwei Frauen.

Ängstlich schaute ich den jungen Polizisten an, der etwas hilflos vor mir stand. Er sah zu Boden und sagte leise, es habe einen Unfall gegeben. Einen Unfall? Meine Familie im Krankenhaus? Ich muss sofort hin und mich um sie kümmern!

„Einen schweren Unfall“, sagte der junge Polizist und konnte mir immer noch nicht in die Augen sehen – Panik kroch in mir hoch und ich fragte zuerst nach meinem Sohn Karl.

Er schüttelte den Kopf.

Ich schrie: „Tot?“

„Mein Bruder?“ Wieder schüttelte er den Kopf.

„Mein Mann?“ Und noch einmal schüttelte er den Kopf.

Kopfschütteln hieß also: tot!

Nicht verletzt im Krankenhaus. Tot.

Die beiden Frauen, die den jungen Polizeibeamten begleiteten, stellten sich als Seelsorgerinnen heraus. Ich nahm sie nicht wirklich wahr. Ich rief meine beiden besten Freundinnen an, die sofort zu mir kamen und mich stützten und festhielten, denn von diesem Moment an spürte ich nicht mehr den Boden unter meinen Füßen.

Der Unfallverursacher und beste Freund meines Lebensgefährten hatte den Unfall nahezu unverletzt überlebt. Mein Sohn, mein Bruder und mein Mann hingegen waren tot – verbrannt auf einem Rastplatz, zwischen Holzbänken und Müllbergen.

Ich fiel ins unvorstellbar Bodenlose, ich war entwurzelt. Es war, als hätte mir jemand ein Messer in mein Herz gestoßen und es entzweit. Ich fühlte mich ohnmächtig vor Schmerz und Leid.

Die Zwillinge waren in der Zwischenzeit vom Mittagsschlaf aufgewacht – von dieser Minute an waren sie zu Halbwaisen geworden mit einem toten Bruder und ohne Onkel. Sie würden nie mehr zu dritt spielen, der große Bruder würde sie nie beschützen können und Onkel Stephan würde sie nie mehr spazieren fahren, nie mehr mit ihnen schmusen, lachen und spielen.

Wie in Trance rief ich meinen Vater und Kais Familie an.

Mein Vater kam sofort und wir verbrachten die ganze Nacht in Karls Kinderzimmer. Ich schaute auf die Spielsachen, die Plüschtiere, und ich wusste: Karl würde sie nie mehr berühren. Abwechselnd nahm ich immer ein anderes Tier an mich, vergrub mein Gesicht darin, weil ich meinem Sohn immer wieder nahe sein, ihn riechen wollte. Ich nahm einen Berg voll Kleider an mich, die ich schon zum Waschen bereit gelegt hatte, und legte meinen Kopf darauf. Es roch noch alles nach ihm.

Er konnte doch nicht tot sein! Er darf nicht tot sein!

Ich hätte ihn so gerne noch einmal berührt. Ich versuchte immer wieder, den Kuss zu spüren, den wir uns am Morgen beim Abschied auf den Mund gegeben hatten. Es war unsere letzte Berührung gewesen. Die Sehnsucht nach ihm brachte mich fast um den Verstand. Der Schmerz über den Tod von Karl ließ keinen Raum mehr für anderen Schmerz. Obwohl mich der Tod von Kai und Stephan nicht weniger verzweifeln ließ, war doch der sinnlose Verlust des Kindes für mich, seine Mutter, unerträglich.

Fragen quälten mich unermesslich.

Warum?

Hatte mein Sohn im Todeskampf verzweifelt nach mir, seiner Mama geschrieen? Haben sie alle noch gelebt nach dem Aufprall?

Waren Karl, Kai und Stephan so schwer verletzt, dass sie den Flammen des todbringenden Feuers, das von hinten immer näher kam, nicht entfliehen konnten?

Waren sie eingeklemmt?

Haben sie noch etwas sagen können – und wenn ja, was?

Mussten sie leiden?

Wer starb zuerst?

Wenn mir vor Erschöpfung die Augen zufielen, dann hatte ich immer das Bild eines brennenden Autos vor mir.

Mein Kind war gestorben und ich war nicht bei ihm. Ich hatte versagt, nicht genügend aufgepasst. Die Polizei sagte mir später, dass sie unseren Sohn zuerst nicht finden konnten. Sein Vater lag über ihm. So starb Karl wenigstens in den Armen seines Vaters – zusammen sind sie hinübergegangen. Das tröstete mich ein klein wenig.

Mein Vater und ich hielten uns die ganze Nacht gegenseitig, drückten uns aneinander. Wir konnten nicht verstehen, was passiert war, dass uns Gott nicht wenigstens einen unserer Lieben zurückgebracht hat. Ich fluchte auf Gott, wo war seine schützende Hand? Er hatte mich verlassen.

Wo war er, der gute, der gütige – der liebe Gott?

> Rasch tritt der Tod den Menschen an, es ist ihm keine Frist gegeben. Es stürzt ihn mitten in der Bahn, es reißt ihn fort vom vollen Leben.
>
> *Friedrich Schiller*

2

Das war also der Tag, als der Tod mein Leben berührte. Endgültig.

Ich konnte nicht begreifen, wie ein ganz normaler Tag sich von einer Sekunde auf die andere in ein schwarzes Loch hatte verwandeln können, das unerbittlich und unumkehrbar alles verschlang.

Hatten wir nicht einen angenehmen Morgen gehabt an diesem Tag? Ich hatte – warum, weiß ich nicht mehr – unsere Kinder besonders hübsch angezogen und sogar noch ein Foto von allen dreien gemacht.

Hatten nicht erst am Vormittag „meine drei Männer“ fröhlich unsere Wohnung verlassen, um mit Kais Freund einen Ausflug zu machen? Stephan, mein Bruder, hatte eigentlich nicht mitfahren wollen. Doch ich hatte ihn ermutigt, sich „etwas

Gutes“ zu tun, schließlich stand er mir Tag und Nacht bei der Versorgung meiner Kinder zur Seite.

War es nicht einfach ein ganz normaler Tag gewesen? Ich hatte viel um die Ohren gehabt, denn am nächsten Tag sollte die Taufe von Karl und den anderthalb Jahre jüngeren Zwillingsmädchen Lina und Anna sein. Viele Vorbereitungen waren noch zu treffen und ich war den größten Teil des Tages in der Stadt unterwegs gewesen, um alles zu besorgen.

Doch es war schließlich alles andere als ein normaler Tag: Der Ausflug sollte für Kai, Stephan und Karl eine Fahrt in den Tod werden, meine Familie war von einer Minute zur anderen unverschuldet ins Jenseits katapultiert worden! Das Foto, das ich noch morgens gemacht hatte, sollte das letzte Foto sein, auf dem unsere drei Kinder gemeinsam zu sehen sind. Und es sollte das letzte Foto meines Sohnes Karl sein – wenige Stunden später war er tot.

Was war das für ein Tag, an dem ich keine Unruhe, keine böse Vorahnung oder dergleichen in mir gespürt habe. Nichts, was mich hätte beunruhigen können – bis zu dem Moment, als der junge Polizist vor mir stand. Im Nachhinein frage ich mich immer wieder, wie es sein kann, dass ich als Mutter nicht spüren konnte, dass mein Kind schon seit einigen Stunden tot war.

Ich wollte wenigstens Abschied nehmen von meiner Familie. Sie noch einmal sehen, berühren. Doch als die Kriminalpolizei ins Haus kam, um Speichelproben von mir zu entnehmen, da musste ich erkennen, dass mir nicht einmal dieser letzte Abschied möglich war – mein Bruder und mein Lebensgefährte hatten nicht identifiziert werden können. Deshalb die Speichelproben.

Als die Kriminalpolizei wieder gegangen war und ich wusste, dass meine Familie zur Obduktion nach Freiburg gebracht werden würde, fasste ich den Entschluss, dem Leichenwagen hinterherzufahren – wenigstens im Tod wollte ich da sein. Aber ich sah Kai, Karl und Stephan nie wieder!
Als ich mit beiden Seelsorgerinnen auf der Couch im Wohnzimmer saß, bat mich der Polizist um die private Telefonnummer des Fahrers, da seine Frau von dem Unfall noch nicht unterrichtet war. Auch ich hatte erst sehr spät von dem Unfall unterrichtet werden können (er hatte sich schon am Samstagvormittag ereignet), da die Polizei nicht wusste, um wen es sich im Auto handelte. Der Polizist rief von meinem Telefon aus die Frau des Fahrers an und überbrachte ihr die Nachricht vom Unfall. Sie fragte nach meiner Familie – ich hörte durch den Hörer einen lauten Schrei.

Unter Schock saß ich, wie lange weiß ich nicht mehr, im Wohnzimmer, bis ich mich irgendwann entschloss, das zubereitete Essen zu entsorgen. Ich verpackte alles in Tüten und verließ das Haus, um es gleich in den Mülltonnen zu entsorgen. Da kam mir in unserer Einfahrt die Frau des Fahrers in Begleitung einer Freundin, die ich auch kannte, entgegen und richtete mir von ihrem Mann aus, dass ich mir keine Sorgen machen müsse, er würde für mich und meine Kinder sorgen. Auf der einen Seite war es mutig von der Frau, mich aufzusuchen, auf der anderen Seite konnte ich eine solche Begegnung nur im Schockzustand aushalten. Ich ging schnell wieder ins Haus zurück.

Erst einige Zeit später erfuhr ich, dass die Frau des Freundes auch an dem Ausflug hatte teilnehmen wollen. Als der von ihr bestellte Babysitter, eine ältere Dame, kam, um auf ihren damals einjährigen Sohn aufzupassen, fiel die ältere Dame so unglücklich, dass sie sich den Arm brach. So nahm die Frau des Freundes nicht an der „Todesfahrt“ teil, weil sie den Babysitter in das Krankenhaus fuhr. Das ist Schicksal – ihre Zeit war noch nicht gekommen.

Ich rief den Freund, den Fahrer und damit Verursacher des Unfalls an, ich wollte Antworten. Ich flehte ihn an, mit mir zu reden. Was waren ihre letzten Worte? Sind sie bei lebendigem Leib verbrannt? Wie ist es passiert? Ich hörte zwar viele Worte, bekam aber doch keine Antworten.

In den Tagen danach funktionierte ich nur. Ich telefonierte zuerst mit dem Pfarrer und teilte ihm mit, dass es morgen keine Taufe geben würde, sondern dass wir eine Beerdigung organisieren müssten. Beim Bäcker bestellte ich die Tauftorte ab. Ich rief alle Freunde meines Lebensgefährten an, wir weinten gemeinsam am Telefon. So vieles musste geregelt werden und ich war froh und dankbar, dass mich ein Rechtsanwalt und guter Freund in der Abwicklung aller notwendigen Aufgaben unterstützte.

Die Beerdigung erlebte ich immer noch im Schockzustand. Drei weiße Urnen mit den Namen meiner Lieben. Sie waren gefüllt mit den Überresten der Körper vom Rastplatz. Neben der Urne meines Sohnes stand seine Taufkerze. Sie brannte zum ersten Mal am Tag seiner Beerdigung. Wir waren eine Stunde vor Beginn der Trauerfeier da. Gestützt von meiner Freundin setzte ich mich in die erste Reihe. Meine andere Freundin stützte meinen Vater, ich konnte ihm in diesem Moment keinen Halt geben, drohte ich doch selbst jeden Augenblick zusammenzubrechen. Ich musste immer wieder die Urnen anfassen. Mir fehlte das „Abschiednehmen“, das Anfassen, das Begreifen.

Anna und Lina hatte ich bei meinem Babysitter gelassen, der in der Vergangenheit schon oft auf die beiden aufgepasst hatte. Als wir, mein Vater, Kais Familie und ich das Haus verließen, weinten beide Kinder. Schrecklich – es war, als hätten sie gewusst, dass wir uns auf den Weg machen, ihren Vater, ihren Bruder und ihren Onkel zu Grabe zu tragen.

Ich bedankte mich innerlich bei meinem Lebensgefährten für die gemeinsame Zeit mit ihm, für seine mir entgegengebrachte Liebe, für Anna und Lina, die mich fürs Erste am Leben hielten.

Vor Karls Urne fehlten mir die Worte. Sein Tod hat mir sprichwörtlich die Sprache verschlagen. Fassungslosigkeit beim Lesen seines Namens auf der Urne. Unser Wunschkind, mein Erstgeborener in einer Urne? Nein, nein, nein! Ich wollte ihn zurück haben. Ich wollte nicht ohne ihn leben.

Meinen Bruder Stephan und mich verband eine große Geschwisterliebe. So sehr wir uns auch in den Kindertagen stritten, desto enger wurde unsere Verbindung als Erwachsene. Egal, in welcher Situation ich mich befand: Immer half mein Bruder mir.

Nach der Beisetzung fuhren wir nach Hause, an Essen oder ein Beisammensein war nicht zu denken. Anna und Lina liefen mir strahlend in die Arme – dem Tod und dem Leben so nah.

Meine neues Zuhause wurde der Friedhof, während das Leben um mich herum einfach so weiterging. Die Vögel zwitscherten ein Lied, die Sonne ging auf und versprach einen schönen Sommertag, Geschäfte öffneten – so wie immer, als wäre nichts passiert. Ich befand mich mitten in diesen für alle anderen so alltäglichen Normalitäten – aber ohnmächtig vor Schmerz, hilflos, orientierungslos, heimatlos.

In der darauf folgenden Zeit ging ich jeden Morgen auf den Friedhof, legte mich dort vor das Grab, weil ich keine Kraft mehr hatte zu stehen. Die Kieselsteine drückten sich in meine Haut, aber das war nichts gegen meinen Seelen- und meinen Herzschmerz. Andere Besucher hörten meine Verzweiflung, wollten mich trösten.

Doch wer hätte mich trösten können?

> Klopfe an die Pforte des Himmels
> und achte auf das Geräusch.
>
> *Zen*

3

Wenige Tage nach dem Unfall begann ich zu beten – so unverständlich es auch für manchen klingen mag: Es war mir ein Bedürfnis, mit Gott zu reden:

Ich klagte ihn an.

Ich rief ihn an, das Geschehene rückgängig zu machen.

Ich flehte ihn an, mir den Schmerz aus dem Körper zu nehmen.

Ich bat ihn um Hilfe.

Ich beschwor ihn, mir die Kraft zu geben, mit dem, was ist, fertig zu werden.
Ich betete und flehte morgens, wenn ich meine Mädchen in den Kindergarten gebracht hatte und sie meinen Schmerz und meine Verzweiflung nicht sehen konnten, und immer nachts, wenn die Ablenkung vom Tag fehlte.

Man kann in der Nacht niemanden anrufen. Ich konnte es zumindest nicht, und ich wollte es auch nicht. Das Alleinsein, sich und den Schmerz aushalten zu müssen, war schlimm, aber auch heilsam, wie ich heute weiß.

Ich war noch nie ein Freund von Tabletten und Alkohol gewesen. Statt mich mit Drogen irgendwelcher Art oder mit sinnloser Ablenkung zu betäuben, betete ich – und spürte, dass mich etwas trägt. Ich konnte sogar immer einschlafen nach dem Gebet, nach dem Gespräch mit Gott. Und irgendwann verspürte ich auf einmal einen großen Frieden in mir. Ich kam für einige Zeit zur Ruhe. Dabei half mir bei allem sicherlich sehr mein spirituelles Wissen, das ich mir über viele Jahre hinweg angeeignet hatte.

Drei Tage nach der Beerdigung wurden meine Zwillingsmädchen zwei Jahre alt. Lina und Anna zuliebe „feierten" wir gemeinsam mit meinen Freundinnen diesen Tag, so gut es ging. Ich hatte mir lange überlegt, ob ich diesen Tag feiern oder lieber „einfach übergehen" sollte. Natürlich war keinem von uns nach Singen, Tanzen, Glücklichsein zumute. Ich entschied mich aber dann doch für eine kleine Feier. Sollte ich aufhören, die Geburt der beiden Mädchen zu feiern, weil der Tod an unsere Tür geklopft hatte – und eingetreten war? Der Tag von Anna und Linas Geburt war ein Freudentag, ich wollte ihn auch in diesem Jahr feiern. Denn für mich hatte das „Fest" auch etwas mit der Wertschätzung meinen Kindern gegenüber zu tun.

Wir lächelten uns an, wenn wir die glücklichen Gesichter der Mädchen beim Auspacken der Geschenke sahen. Wir weinten, wenn wir glaubten, dass es niemand sehen würde. Die beiden Kindergesichter hielten mich am Leben.

Die Familie meines Lebensgefährten aber war darüber entsetzt.

Am Abend, als alle weg waren und die Mädchen schliefen, brach ich wieder zusammen. An Schlaf war nicht zu denken. In jeder Zelle meines Körpers spürte ich Schmerz. Wie immer setzte ich mich auch in dieser Nacht ins Wohnzimmer, stellte Fotos von meiner Familie auf, eine Kerze dazu, und weinte bitterlich. Ich konnte nicht glauben, was mir das Schicksal hier auferlegt hatte. Es heißt doch immer, dass wir Menschen immer nur so viel auferlegt bekommen, wie wir tragen können.
Und ich führte mein Gespräch mit Gott.

Wieder brach es aus mir heraus, ich haderte mit dem Allmächtigen, ich beschimpfte ihn, ich erklärte ihm, dass dies zu viel sei, dass ich dies nicht tragen könne.

Ich betete und wurde dabei immer ruhiger, meine Tränen wurden weniger und ich fühlte mich von einer unsichtbaren Kraft getragen. Diese Kraft würde mir helfen, weiter zu gehen, auch wenn mir die Zukunft schreckliche Angst machte – ich wollte mich dieser Zukunft und diesem Leben nicht wirklich stellen.

Aber nun versuchte ich, so gut es ging, ein „normales Leben“ zu leben. Doch hatte ich gleichzeitig das Gefühl, dass das Leben mich mit all’ seiner Kraft zerdrückte. Es forderte, es überforderte mich mit allem, was zum Alltäglichen gehört. Ich saß nächtelang vor Ordnern mit Unterlagen, hatte ich mich bisher doch noch nie um diese „Lebensbereiche“ kümmern müssen, und es kostete mich viel Kraft und Zeit, bis ich mir einen Überblick über die Dokumente in den Ordner verschafft hatte. Zum Glück war Kai ein sehr ordentlicher Mensch, der alles übersichtlich abgeheftet hatte.

Am schlimmsten aber fiel mir das Abfassen der Kündigungsschreiben an Versicherungen und Krankenkassen, immer wieder musste ich den gleichen Satz zu Papier bringen: „Hiermit teile ich ihnen mit, dass mein Sohn – mein Lebensgefährte – mein Bruder am 13. August 2005 tödlich verunglückt ist.“ Und jedes Mal musste ich darauf achten, dass das Blatt nicht nass wurde von meinen Tränen. Nie hätte ich gedacht, dass ich eines Tages solche Briefe würde verfassen müssen.

Tagsüber ging ich „tapfer“ in die Stadt, um mich abzulenken, was mir natürlich nicht gelang. Meist musste ich diese fluchtartig wieder verlassen, denn beim Anblick der Eisdiele oder dem Spielplatz musste ich sofort an meinen Sohn Karl denken – und vor allem daran, dass er dort nie mehr spielen oder ein Eis essen würde.

Die Sonnenbrille wurde mein wichtigster Begleiter. Sie schützte mich vor neugierigen Blicken und versteckte meine Tränen, wenn ich sie trotz aller Anstrengungen nicht mehr zurückhalten konnte. Wenn ich mich in ein Café setzte, bemerkte ich, dass Menschen sich gegenseitig anstießen und anfingen zu tuscheln. Sie redeten, schauten dann wieder zu mir herüber, sahen weg, wenn ich den Blickkontakt suchte.

Ich war die mit dem Unfall. Andere wiederum gingen mir aus dem Weg, wofür ich damals Verständnis hatte – was sollten sie auch sagen? Manch einer wagte sogar den Kontakt mit mir und wollte mich trösten, indem er mir vom Tod der Mutter oder Oma erzählte, die mit 80 Jahren (!) vor Kurzem verstorben war. Das wollte ich nun wirklich nicht hören. Mein Sohn durfte nur drei Jahre und fünf Monate alt werden, Kai und Stephan starben mit 38 Jahren.

Ich empfand das als ungerecht.

Nach den Sommerferien brachte ich Anna und Lina in den Vorkindergarten, in dem auch mein Sohn gewesen war. Wir betraten das Gebäude und als erstes fiel mein Blick auf eine große, bunte Foto-Collage an der Wand, die fröhliche Kinder auf einem Ausflug zeigt – Karl mitten in der Gruppe auf einem Baumstamm sitzend und in die Kamera lächelnd. Die Kindergärtnerinnen hatten damit gerechnet und die Bilder von der Wand nehmen wollen. Aber sie hatten es vergessen. Jetzt war es zu spät, meine Augen füllten sich mit Tränen, in meinem Hals bildete sich ein riesiger Kloß. Ich ließ die Mädchen im Kindergarten, eilte ohne ein Wort zum Auto und fuhr direkt in einen Wald.

Allein und umgeben von Bäumen und Sträuchern schrie ich mir dort den Schmerz aus dem Körper. Dieser war so heftig, dass ich glaubte, daran zugrunde zu gehen. Ich schrie oft, aber, wie sich später herausstellen sollte, nicht oft genug.

Situationen dieser Art erlebte ich noch oft. Kinder, die Karl kannten, liefen auf mich zu und fragten nach ihm. Aber wie erklärt man Kindern den Tod? Ich sagte, dass Karl jetzt im Himmel und ein Engel sei: „Nein, er kommt nicht wieder..." Manchmal fuhr ich auch in eine andere Stadt, um auf andere Gedanken zu kommen. Meine Kinder im Zwillingswagen zogen die Aufmerksamkeit auf sich und ich war dort, obwohl fremd, mit anderen Menschen, besonders mit Müttern schnell im Gespräch – ob ich wollte oder nicht. „Haben sie noch andere Kinder?", wurde ich oft gefragt. Da stand ich nun, nicht wissend, was ich sagen sollte. Ich wollte nicht jedem „meine Geschichte" erzählen, doch wollte ich auch nicht sagen, dass Anna und Lina meine einzigen Kinder sind, ich empfand es als Verrat an Karl. Ich habe drei Kinder, eines ist nicht hier auf der Erde, wo immer er auch ist, er ist mein Kind, ich habe ihm das Leben geschenkt. Heute entscheide ich meine Antwort situationsabhängig.

Einige Wochen nach dem Unfall stellte ich ein Kreuz an der Unfallstelle auf. Da auf das Kreuz drei Namen passen mussten, benötigte ich eines, das sonst bei Seebestattungen üblich ist. Ich stellte es auf, weil ich die Hoffnung hatte und habe, dass besonders die Motorradfahrer nicht mehr so schnell die berühmte Schwarzwaldhochstraße entlang rasen würden. Ich dachte an die vielen Eltern. Keine Mutter sollte das erleben, was ich gerade durchmachte.
Aber ich wurde eines Besseren belehrt. Ich stand oft auf diesem kleinen Rastplatz, an dem meine Familie den Tod gefunden hatte, und alle rasten sie an mir vorbei, die Autofahrer und vor allem die Motorradfahrer. Nach einem Jahr baute ich das Kreuz wieder ab.

Mein Kreuz schreckte niemanden ab.

Der Tod bedeutet eigentlich nichts.
Ich bin nur in den nächsten Raum
hinübergewechselt.
Bete, lächle, denk an mich, bete für mich.
Lass meinen Namen zu deinem Wortschatz
gehören,
sprich ihn aus, ohne große Dramatik, ohne eine
Spur von Schatten auf ihm.
Warum sollte ich aus deinen Gedanken
verschwinden,
nur weil ich deinen Augen entschwinde?
Ich warte auf dich, während einer kurzen
Unterbrechung,
irgendwo, sehr nahe.
Alles ist gut.

Henry Scott Holland

4

Es dauerte eine ganze Zeit, bis ich mich in meiner neuen Welt zurechtgefunden hatte. Überall alleine hingehen, alles alleine entscheiden: Ich tat mich damit zunächst ziemlich schwer. Ich musste erst lernen, alleine zu leben. Heute weiß ich: Nur wer alleine sein kann, kann auch in einer Partnerschaft einen guten Platz einnehmen.

Die Wochenenden waren über viele Monate hinweg das Schlimmste. Wochenende ist Pärchenzeit. Der Anblick von glücklichen Paaren war mir unerträglich geworden. Ich war unfreiwillig in der Kategorie „alleinerziehend“ gelandet. Meine Freundinnen hatten alle Partner. Und das fünfte Rad am Wagen wollte ich nicht sein. Da Baden-Baden ein beliebtes Ausflugsziel am Wochenende ist, verließ ich mit den Kindern an diesen zwei Tagen meist die Stadt. Häufig in mein Elternhaus, zu meinem Vater. Er beschäftigte sich mit den Kindern, damit ich ein wenig zur Ruhe kommen konnte, denn ich trug nach wie vor sehr schwer am Leben.

Je mehr sich das „Unfalljahr 2005“ seinem Ende näherte, desto schwerer wurde mein Herz. Ich wusste, das Fest der Liebe, Weihnachten, steht vor der Tür, und ich verdrängte diese Tatsache, so gut es ging, bis mich ab Oktober die Weihnachtsdekoration in den Geschäften unfreiwillig auf dieses Ereignis vorbereitete. „Oh du fröhliche, oh du seelige...“ erklang vom Weihnachtsmarkt, den ich seit seines Aufbaues in der Nähe des Kurhauses mied, so weit es irgendwie möglich war. Mir war weder nach Glühwein noch nach Plätzchenbacken, ich wollte mir nur zu Hause die Decke über den Kopf ziehen, nichts hören, nichts sehen.

Anna und Lina brachten vom Kindergarten selbstgebastelte Weihnachtssterne nach Hause, ich schmückte für meine Mädchen ein wenig unsere Wohnung, aber zum Kauf eines Weihnachtsbaumes konnte ich mich nicht überwinden. Der Heilige Abend war kein Fest, sondern eine Zwangsveranstaltung, die ich schnell beenden wollte. Keine Kirche, kein Singen. Für meine Kinder und meinen Vater ein schönes Essen, Geschenke, dann ins Bett, damit ich meinem Schmerz freien Lauf lassen konnte.

Ich weinte die halbe Heilige Nacht.

Am nächsten Morgen war mir leichter. Ich dachte nur: „Es ist geschafft!“ Doch die nächste Hürde war eine Woche später zu nehmen – Happy New Year. Mit wem sollte ich anstoßen und auf was? Auf ein neues Jahr – zwangsweise. Es kam, ob ich es wollte oder nicht. Glücklich? Konnte es gar nicht werden. Mein Kind war tot. Mein Lebensgefährte war tot. Mein Bruder war tot. Wie sollte ich da jemals wieder glücklich werden? Es schien mir aussichtslos. Ich entschied mich, mit meinen Kindern um acht Uhr ins Bett zu gehen und einfach alles zu verschlafen. Das klappte vorerst gut, bis mich das Neujahrs-Feuerwerk am Himmel mitten in der Nacht aus dem Schlaf riss und mit der Realität konfrontierte.

Ich war gezwungen, sie anzuschauen. Ein neues Jahr beginnt – ohne Kai, Karl und Stephan. Ich küsste meinen Mädchen die Stirn und wünschte ihnen ein gutes neues Jahr, nicht wissend, wie ich dieses neue Jahr schaffen sollte.

Ich war froh, als endlich die ganze Weihnachtsdekoration vor meinen Augen verschwunden und der Neujahrstrubel vorüber war. Der Frühling würde sich bald ankündigen und mein Herz erneut zerreißen. Im März wurde Karl geboren, im April 2006 wäre Kai 39 Jahre alt geworden, im Mai mein Bruder. Drei Monate hintereinander Geburtstage, keine Zeit zum Luftholen, keine Zeit zum Tränentrocknen. Ein Trauermarathon stand mir bevor. Ich spüre noch heute den Kloß in meinem Hals, wenn ich an den Geburtstag von Karl denke im Jahr 2006. Ich fuhr am Morgen meine Kinder in den Kindergarten, danach holte ich ein Herz aus roten Rosen vom Floristen ab und ging zum Friedhof. Statt Geburtstagskuchen und Geschenke eine Grabkerze. Ich stand fassungslos vor dem Grab und konnte immer noch nicht glauben, in welches Leben ich geraten war. Das Ritual mit Rosenherz und Grabkerze wiederholte sich noch zwei Mal.

Über ein Jahr nach dem Unfall versuchte ich, für uns drei wieder ein Stück gemeinsame Normalität zu schaffen. Im September 2006 flog ich das erste Mal alleine mit den Kindern in den Urlaub. Es war ein merkwürdiges Gefühl. Das erste Mal ohne Mann und ohne Karl. Freude vermischte sich mit Traurigkeit. Ich wählte den Robinson Club in Griechenland, weil ich die Hoffnung hatte, in diesem Club auf andere alleinerziehende Mütter zu treffen, was dann auch tatsächlich der Fall war. Uns allen tat die Wärme gut und das Wasser. Ich liebe das Meer. An keinem anderen Platz kann ich mich so gut erholen. Anna und Lina waren den ganzen Tag im Kinderpool. Es machte mir große Freude, in ihre glücklichen Augen zu sehen. Ich habe viel gelesen oder einfach nur im Sand gesessen und aufs Meer geschaut. Gerade in den ersten Jahren nach dem Unfall taten mir diese Clubreisen gut. Es gab ein Programmangebot für Anna und Lina und ich hatte Zeit, auch etwas für mich zu tun und neue Kräfte zu sammeln.

Das Leben kostete mich nach wie vor sehr viel Kraft.

Weihnachten 2006 war dann etwas harmonischer als das im Jahr davor. Ich kaufte einen Baum, buk mit den Kindern Plätzchen, und das Beisammensein am Heiligen Abend hatte nicht mehr die Schwere vom letzten Jahr. In die Kirche konnte ich jedoch immer noch nicht gehen. Ich weiß, ich hätte nur geweint, das wollte ich meinen Kinder, mir und allen um mich herum ersparen. Auch Silvester 2006 verbrachte ich auf eine neue Weise. Statt den Übergang ins Neue Jahr bewusst zu verschlafen, begann ich vor Mitternacht zu meditieren und fühlte mich Kai, Karl und Stephan sehr nah. Ich fühlte mich mit ihrer Welt verbunden. Es machte mich glücklich, es beruhigte mich. Und ich spürte, wie ich sachte begann, mich dem Leben wieder zuzuwenden. Ein wenig Hoffnung, etwas Zuversicht? Ich wusste nicht, was kommen würde, was das

Leben noch für mich bereithalten würde, aber ich begann nun, meine Arme zu öffnen für das kommende Leben, ich war bereit, zu empfangen.

Der Weg meiner Ausbildungen, meiner Heilung begann.

> Fürchte dich nicht, ich bin mit dir. Ich stärke dich, ich helfe dir, ich halte dich an meiner Hand.
>
> *Jesaia 41,10*

5

Im September 2009 wurden Anna und Lina eingeschult. Solch einmalige Ereignisse schmerzen mich noch heute. Es tut mir weh, dass Kai diesen wichtigen Moment nicht erleben durfte, dass meine Kinder und ich solche Erlebnisse nicht mit ihm teilen können. Ich weiß, dass Anna und Lina immer auf die Papis von den anderen Kindern schauen und traurig sind, dass ihr Papa nicht mehr da ist. Ich erzähle ihnen dann immer, dass Kai, Karl und Stephan von oben, vom Himmel aus auf sie schauen – ich weiß, es ist ein schwacher Trost, der sie nicht wirklich trösten kann.

Aber was soll ich auch sagen?

Im August 2010 schließlich erfüllte ich mir einen großen Wunsch: Ich flog mit den Kindern auf die Insel Sylt und verbrachte dort zwei Wochen Urlaub. Am fünften Todestag war ich dieses Mal auf Sylt und es war schön. Ich liebe diese Insel. Das Meer dort hat einen ganz besonderen Duft. Im Sand zu liegen, dem Meer zu lauschen und den Möwen beim Fliegen zuzuschauen, ist einfach nur schön. Ich war im September 2001 das erste Mal auf Sylt gewesen, als ich mit Karl schwanger war. Ich verliebte mich sofort in die Insel. Kai und ich waren danach noch zwei Mal mit den Kindern, mit meinem Bruder und meinem Vater dort; zuletzt, als Anna und Lina ein Jahr alt waren. Ich wäre gerne schon eher nach Sylt gefahren, aber ich hatte zu viel Angst vor den Plätzen der Erinnerung. Es war klar, dass ich irgendwann Anna und Lina die Insel noch einmal zeigen würde, wusste aber nicht, wann ich dazu in der Lage sein würde.

Ich buchte also für mich und meine Mädchen ein Familienhotel, weil in solchen Häusern Kinder auch noch Kinder sein dürfen. Die Tischzuteilung in den Restaurants war früher ein Horror für mich. „Sie sind alleine? Oder kommt noch jemand dazu?" „Nein, es kommt niemand mehr." Das vierte Gedeck wurde dezent abgeräumt. Heute macht es mir nichts mehr aus, alleine in ein Restaurant zu gehen oder alleine an einem Tisch zu sitzen. Wenn Anna und Lina nach dem Essen in das Kinderparadies gehen oder mit anderen Kindern spielen, lese ich ein Buch und genieße die Zeit nach dem Essen. Ich stelle meist fest, dass ich glücklicher bin als manche Paare um mich herum. Sich anschweigen, lieblose Blicke, verlegenes Umherschauen durch den Speisesaal. Dann doch lieber alleine mit meinem Buch. Nach dem Abendessen ging ich mit meinen Kindern meist noch einmal zurück ans Meer, um den Sonnenuntergang anzuschauen. Selbst das Licht der untergehenden Sonne auf Sylt ist für mich besonders. Das waren meine Glücksmomente und sie sind es heute wieder. Ich war mit Anna und Lina an allen Plätzen, an denen ich auch mit Karl und ihrem Vater war. Ich zeigte ihnen, wo ich mit Karl ein Fischbrötchen gegessen und wo wir eine Sandburg gebaut hatten. Wir bauten genau an dieser Stelle noch einmal eine – für Karl. Eine Journalistin fragte mich einmal, wie ich das Gefühl beschreiben würde, wenn ich an Karl denke. In mir ist eine Traurigkeit, weil mein "erster Sonnenschein" nicht länger leben durfte.

Du bist nicht gestorben
Du lebst in den wunderbaren Wehen des Windes
Du lebst in den Liedern der Vögel
Du lebst in der strahlenden Sonne
Du lebst im friedlichen Dunkel der Nacht
Du lebst auf einem Stern, der am Himmel steht
Du lebst in den Wellenbergen und -tälern des Meeres
Du lebst im Duft von Blumen und Gras
Du lebst im schnell schwindenden Sommer
Du lebst im Schmerz meines Herzens
Du bist nicht tot, nur etwas weiter weg
Wir können dich nicht berühren.

Aus: Das Leid umarmen (von Deborah Cornell)

Irgendwann jedoch kommt der Tag X, dem niemand entfliehen kann. Dieser Tag, dem ich mich stellen musste und von dem ich wusste, dass ich ihn ganz in einem tiefen Loch verbringen würde. Dieser Tag, an dem ich die Kleider und die privaten Dinge von Kai, Karl und Stephan wegräumen musste. Egal, an welchem Platz ich mich in unserer Wohnung aufhielt: Irgendein Plüschtier oder ein Kleidungsstück schob sich immer vor meine Augen und versetzte mir ohne Ankündigung einen Stich ins Herz. Deshalb beschloss ich eines Tages, mit dem Aufzug in den Keller zu fahren und

Umzugskartons zu holen. Eigentlich ist mit Umzugskartons in der Regel ein Neuanfang verbunden. Man zieht irgendwo hin und etwas Neues darf beginnen. Ich brauchte sie aber, weil etwas zu Ende gegangen war: das Leben mit Kai, Karl und Stephan.

Meine mir gewohnte, vertraute Welt war auseinandergebrochen.

Ich weiß nicht mehr, was für ein Wochentag es war, als ich anfing zu packen, ob die Sonne schien oder ob es regnete. Ich nahm um mich herum nichts mehr wahr, ich spürte mich nicht, ich spürte das Leben nicht mehr. Ich war dem Leben abgewandt. Die ersten Monate nach dem Tod meiner Familie waren alle gleich: grau und schmerzhaft. Ich packte erst einmal alles nur in Kisten und dann in den Keller. Tür zu. Dahinter, im Dunkeln, ist ein Teil meines Lebens, der weh tut.

Ich war ein bisschen stolz auf mich, als ich am Abend alles weggeräumt hatte, einen Moment hatte ich die Hoffnung, ich könnte es schaffen zu überleben. Das Wegräumen der persönlichen Dinge war für mich noch einmal ein schwerer Schritt gewesen. Noch einmal alles in die Hand nehmen, noch einmal daran riechen, die damit verbundenen Erinnerungen aushalten müssen. Ich musste Stück für Stück loslassen. Etwas, das ich gar nicht wollte. Ein Annehmen, wie es ist. Ein Anerkennen der Realität. Denn heute weiß ich, dass wir niemals gegen die Realität gewinnen können. Gewinnen können wir nur mit der Wirklichkeit – durch Hingabe an das, was ist.

Ich wollte diese Realität nicht. Sie war grausam, schmerzhaft, leer und hoffnungslos. Wie sollte es mit dieser Realität jemals eine Zukunft geben? Meine Familie war am Leben gewesen.

Und jetzt ist sie tot. Ein Leben ohne meinen Sohn Karl konnte und wollte ich mir immer noch nicht vorstellen.

Ich verbrachte noch ein Jahr in der gemeinsamen Wohnung. Doch sie war zu groß für mich und die Zwillingsmädchen geworden, zu still. Der Esstisch zu lang, das Sofa zu groß. Zimmer standen leer. Ich fahre noch heute manchmal an der Wohnung vorbei, weil sie so besonders war. Es war eine wunderschöne Wohnung: Jugendstil, Marmorkamin, vor dem ich oft mit Karl gesessen hatte, eine nicht einsehbare Dachterrasse mit Blick über Baden-Baden. Kai und ich verbrachten dort viele schöne gemeinsame Tage, mal mit Freunden, meist alleine – nicht ahnend, was kommen würde. Das Schicksal macht keinen Halt vor Luxus, Schönheit und Glück. Jetzt war aus meinem Nest eine „Überlebensinsel" geworden – nicht wissend, ob ich mit ihr untergehen würde oder nicht.

Beim Umzug, für den ich mich schließlich entschied, bemerkte ich, dass ich doch nicht alles weggeräumt hatte. Wenn es etwas gab, was zu heilen begann, dann wurde es in diesem Moment wieder aufgerissen. Das Auffinden einiger Gegenstände aus Karls Leben riss mich von einer Minute auf die andere zu Boden. Ich würde es doch nicht schaffen. Meine Verzweiflung, meine Angst vor dem Leben hatte mich wieder gepackt. Ich lief weinend durch die Wohnung: „Ich schaffe das nicht, ich schaffe das nicht." Mitleidig schauten mich die Männer vom Umzugsunternehmen an – ich war die mit dem Unfall. Mein Vater half mir sehr, ich war nach dem ganzen Packen von Kartons über Monate hinweg total erschöpft und überfordert. Aber ich wusste, dass ich diesen Schritt tun musste, um überhaupt die Chance für einen Neuanfang zu haben. Als alles leergeräumt war, ging ich noch einmal in die Wohnung zurück. Nur ich und eine Kerze. Noch einmal Abschied nehmen. Noch einmal in das Kinderzimmer von Karl. Ich setzte mich in eine Ecke und weinte. Karl war mein erstes Kind. Ich war so glücklich gewesen, als ich erfuhr, dass ich schwanger mit ihm war. Die Schwangerschaft mit ihm war wunderschön gewesen. Ich hatte jeden Tag genossen. Seine Geburt war am 22. März 2002. Drei Jahre und fünf Monate später war er tot. Ich schaute immer wieder in die Flamme der Kerze und viele Erinnerungen wurden mir wieder bewusst. Liebe kennt keine Grenzen. Das, was durch den Verlust auseinandergebrochen ist, fügt die Liebe wieder zu einem Ganzen zusammen. Denn die Liebe heilt.

Vom ersten Tag an unseres Lebens werden wir auf Verluste vorbereitet, bis wir irgendwann unser Leben auf der Erde „verlieren". Verluste im Laufe unseres Lebens erinnern uns meist an den ersten Verlust unseres Lebens. Wir verlassen den Mutterschoß, Freundschaften gehen auseinander, Liebesbeziehungen zerbrechen, weil irgendwo auf dem gemeinsamen Lebensweg die Liebe verlorengegangen ist. Wir erleben materielle Verluste oder auch den Verlust eines Teils unserer Gesundheit.
In dem Moment, in dem wir mit einem Verlust konfrontiert werden, sind wir vollkommen präsent, nichts lenkt uns ab, alles andere um uns herum wird unwichtig. In diesem schmerzhaften Augenblick, in dem wir aus unserer Lebensbahn geworfen werden, in dem das Denken aufhört, unser Geist sich verdunkelt, wir entwurzelt sind und uns als Fremdling fühlen – in diesem Augenblick haben wir die Chance, eine neue Dimension zu betreten, dem „Mysterium Leben und Tod" die Hand zu reichen.

Diese Erfahrungen zeigen uns, wie machtlos und ohnmächtig wir dem Leben gegenüberstehen. Das Leben nimmt und gibt – ohne uns zu fragen. Diese Erkenntnis hat mich demütig und gelassen dem Leben gegenüber werden lassen.

Was geschehen soll, wird geschehen.

> Das Leben wird uns nicht folgen, sondern wir müssen ihm folgen – widerwillig oder glücklich.
>
> *Osho*

6

Als der Herbst kam, brauchten meine beiden Mädchen neue Kleider. Es hatte mir selbst immer viel Spaß gemacht, für meine Zwillinge Kleider auszusuchen. Rosa natürlich, alles doppelt. Selbst die Haarspangen waren identisch. Für meinen Sohn hatte ich meist blaue Hemden gekauft, kariert, gestreift blaue Pullis. Doch nach dem Unfall wurde Einkaufen zu einem regelrechten Horrortrip. Da die Jungen- und Mädchenabteilungen in Geschäften normalerweise nebeneinander sind, kommt man automatisch mit beiden Geschlechtern in Kontakt. Beim Betreten der Kinderabteilung kam ich nicht umhin, meine Augen auch zu den Buben schweifen zu lassen. Dort standen andere Mütter mit ihren Söhnen an der Hand – ein Anblick, der mir wehtat. In Gedanken kleidete ich auch meinen Sohn ein. Ich überlegte, was ihm passen würde, welche Größe er nun hätte. Vor meine Augen schoben sich blaue Hemden mit der imaginären Aufschrift „Kaufen verboten!". Die Kleider vor meinen Augen verschwammen schnell hinter meinen Tränen.

Während einem dieser nun so quälenden, aber doch notwendigen Shopping-Ausflüge sprach mich eine ältere Dame an und bat mich um Hilfe. Sie wollte ihrem Enkelkind, einem Jungen, etwas zum Anziehen kaufen. „Er ist vier Jahre alt", sagte sie stolz und ob ich meinte, dass der Pulli, den sie ausgesucht habe, wohl die richtige Größe habe. Unweigerlich schossen mir die Tränen in die Augen und ich konnte nur wortlos mit einem kurzen Nicken ihre Wahl bestätigen. Warum dürfen andere Kinder leben und meines nicht? Ich wollte nur noch raus! Wieder einmal Sonnenbrille auf, nichts mehr sehen, nichts hören, nicht reden, nichts kaufen – nur schnell nach Hause in meine sichere Umgebung. Der restliche Tag war gelaufen.
Es waren immer die unvorhersehbaren Momente, die so schrecklich wehtaten. Die Momente, die dafür sorgten, dass ich wieder komplett in ein abgrundtiefes Loch fiel – falls es mir einmal gelungen war, dieses für einen Moment zu verlassen. Es dauerte eine Weile, bis ich wieder entspannt zum Einkaufen gehen konnte. Ich schaue heute wieder in die Jungenabteilung, aber nicht mehr mit Wehmut. Ich erfreue mich wieder an den schönen Kinderkleidern. Ich mache immer gerne zu verschiedenen Anlässen „Bubengeschenke".

Als die Zwillinge etwa vier Jahre alt waren, entwickelten sie schon einen eigenen Kleidergeschmack. Eines Tages fragte mich Lina, ob ich die Kleider von Karl noch hätte. Als ich dies bestätigte, bettelte sie, ihr doch seine Kleider zu zeigen. Natürlich versuchte ich aus Angst vor dem Aufbrechen neuen Schmerzes dies zuerst zu umgehen, aber Lina ließ nicht locker – ich musste in den Keller gehen. Da standen sie nun, die Umzugskisten mit der Aufschrift „Karl", sein Name mit einem Herz verziert. Ich stellte die Kiste mit Karls Kleidern in das Wohnzimmer, meine Mädchen stürmten begeistert auf den Karton zu und öffneten sie voller Erwartung. Ein Polohemd, T-Shirts, Jeans – ein Kleidungsstück nach dem anderen kam zum Vorschein.

Schuhe wurden ausprobiert, Kindergartentaschen umgehängt. Nach einem kurzen Moment konnte ich mich dazusetzten und meinen Kindern erzählen, wann Karl dieses Hemd bekommen oder was ihm der Papa von jener Reise mitgebracht hatte. Lina entschied sich, einige Kleidungsstücke von Karl weiterzutragen, weil sie „cool" waren, und legte sie in ihre Kommode zu ihren Anziehsachen. Eine ganze Weile lief sie in seinen Kleidern und erzählte auch stolz im Kindergarten, dass sie heute eine Hose von Karl, ihrem Bruder, anhabe. Manche Kinder tun dies, um dem verstorbenen Geschwister nah zu sein. So zeigen sie ihre Liebe und Verbundenheit. Nach dem Motto: „Ich trage es für dich". Am Anfang war diese Situation etwas merkwürdig für mich, gleichzeitig war es aber auch sehr heilsam zu sehen, dass sich der Schmerz und die Traurigkeit mit der Zeit verändert hatten. Die Zeit heilt nicht alle Wunden, aber sie hilft, das Unfassbare aus dem Mittelpunkt des Lebens herauszuschieben.

In der ersten Zeit nach dem Unfall waren meine beiden Töchter Anna und Lina, denen ich diese Zeilen widmen möchte, mein Antrieb, dem Leben weiter zu folgen. Bis heute verdanke ich auch ihnen viel von meiner geistig-seelischen Entwicklung. Sie leisteten und leisten noch heute einen großartigen Dienst an mir. Sie zeigen mir jeden Tag aufs Neue, wie es sich anfühlt, wenn wir bedingungslos lieben.

Drei Tage nach der Beerdigung wurden die beiden zwei Jahre alt. Wie wahrscheinlich viele andere auch, wusste ich praktisch nichts über das Todesverständnis von Kleinkindern. Ich frage mich: „Nehmen sie überhaupt wahr, was passiert ist? Und wenn ja, was genau nehmen sie wahr?"

Kinder in diesem Alter können nicht wissen, nicht verstehen, was der Tod ist. Sie haben meine Traurigkeit gespürt, meinen Schmerz, meine Ängste. Sie fühlten eine Bedrohung, aber sie konnten sie nicht einordnen, und schon gar nicht in der ganzen Tragweite begreifen. Tagsüber versuchte ich also, mich „zusammenzunehmen“, wollte tapfer sein, damit sie meine Traurigkeit nicht spürten. Heute weiß ich: Sie haben unbewusst jede meiner Stimmungen wahrgenommen. Ich kann aus heutiger Sicht aus meiner Erfahrung und aus meinem erworbenen Wissen sagen, dass eine authentische Mutter besser für sie gewesen wäre statt einer Mutter, die sich in bester Absicht, aber krampfhaft bemüht, Normalität zu leben. Den feinen Antennen seiner eigenen Kinder kann man aber auf dieser Ebene nichts vorspielen, so sehr man sich auch bemühen mag. Sich so zu zeigen, wie man sich fühlt, ist besser, denn es zeigt den Kindern Ehrlichkeit – und Ehrlichkeit schafft Vertrauen. Wenn wir Eltern wahrhaftig sind, werden unserer Kinder auch wahrhaftig. Das ist ein wichtiger Baustein für ein glückliches, gelingendes Leben.

Erst als sie drei Jahre alt waren, begannen Anna und Lina die Dinge zu erzählen, die sie zuvor gehört hatten: „Papa hat mit dem Auto ‚Bums‘ gemacht“, oder: „Karl ist jetzt ein Engel.“ Sie fingen an, Fragen zu stellen. Wir schauten Fotos an von Papa, Karl und Stephan und ich erzählte ihnen mit zittriger Stimme und feuchten Augen zu manchem Bild eine Geschichte, was mir am Anfang unendlich schwerfiel. Mit ihren zarten Händen wischten dann meine Kinder mir die Tränen von den Wangen. Meist weinten sie mit.

Der Tod unserer Lieben hat unsere Seelen von einer Sekunde zur anderen zutiefst erschüttert. Der Verlust würde von nun an unser Leben prägen, so viel stand fest. Unsere Familie war auseinandergerissen worden und jeder musste erst wieder seinen – einen ganz neuen – Platz finden, doch davon waren wir alle erst einmal weit entfernt.

Es waren schwere, gravierende und erschreckende Folgen, die dieses tragische Unglück nach sich zog. In entscheidendem Maße auch für Anna und Lina, die mit ihren damals nicht einmal zwei Jahren noch nicht begreifen konnten, was wirklich passiert war. Anna und Lina konnten noch nicht sprechen, aber sie hörten, spürten, fühlten – und reagierten. Sie spürten meinen Schmerz, meine Ohnmacht. Sie spürten die Leere in den großen, vielen Räumen. Sie sahen immer wieder ihre Mama weinen, den Opa, der sich so oft die Nase putzt. Kinder, die noch nicht sprechen können, müssen sich auf andere Weise ausdrücken, wenn sie etwas mitteilen oder ihr Unwohlsein ausdrücken möchten. Lina wählte den Weg des Schreiens. Anna nicht. Vielleicht war es für Lina die einzige Möglichkeit, ihren Schmerz auszudrücken. Anna dagegen zog sich in sich zurück, schaute hilflos zu – genau wie ihre Mutter es tat.

Anna und Lina sind zweieiige Zwillinge, vom Aussehen und ihrem Charakter her sehr unterschiedlich. Während Anna eher introvertiert ist, nimmt Lina mit ihrer fordernden Art viel Raum ein. Lina und Karl hatten bereits von Anfang an eine besonders tiefe seelische Bindung, sie waren unzertrennlich. Entsprechend heftig reagierte sie demnach darauf, dass er nun nicht mehr da war.

Nach dem Unfall nahm ich Anna und Lina in mein großes Bett. Sie brauchten meinen Körperkontakt und ich ihren. Eng aneinandergedrückt schliefen wir jede Nacht zusammen.

Und jede Nacht wurde Lina mehrfach wach – und schrie aus Leibeskräften. Zuerst dachte ich, sie habe immer wieder schlimme Träume, die ihr Angst machten, doch ich konnte sie nicht beruhigen, nicht trösten. Sie weinte nicht – sie schrie. Immer wieder und immer wieder. Jede Nacht.

Dann streckte sie die Hände in den Himmel, stand aus unserem gemeinsamen Bett auf, lief durch das Haus und schrie. Zuerst „nur" eine halbe Stunde. Dann konnte ich Lina in den Arm nehmen, etwas trösten und wieder hinlegen. Meist legte ich sie auf meinen Bauch, bis sie endlich wieder eingeschlafen war.

Doch nach wenigen Stunden wurde Lina wieder wach, fing wieder an zu schreien. Wieder der gleiche Ablauf. Ich lief ihr durch die Wohnung hinterher, Anna im Schlepptau, aber nicht wirklich im Blick, denn ich war viel zu sehr mit Lina beschäftigt. Mir wurde klar, dass ich sie in dem Moment, in dem Lina in ihrem Schmerz gefangen war, nicht erreichen konnte. Sie hörte meine Worte nicht, sie drückte meine Hand weg, wenn ich sie streicheln oder auf den Arm nehmen wollte. Das Einzige, was mir blieb, war, hilflos abzuwarten, bis sie nach einer Weile von selbst auf mich zukam.

Das ganze Szenario wiederholte sich bis zu sechs Mal in der Nacht. Sechs Mal in einer einzigen Nacht. Und das etwa jede zweite Nacht. Manchmal weinte ich mit aus lauter Hilflosigkeit und Verzweiflung. Ich fand keine Lösung, wusste nicht, wie ich ihr in dieser Situation helfen konnte. Mir fehlte die Kraft, um stehen zu bleiben – im wörtlichen wie im übertragenen Sinn. Am nächsten Morgen war ich immer völlig erschöpft, die schlaflose Nacht stand mir ins Gesicht geschrieben und hatte auch in meinem Mutterherz jedes Mal mehr und tiefere Spuren hinterlassen.

Die Situation aber wurde noch schlimmer: Was anfangs nur nachts war, wurde später dann auch tagsüber sichtbar. Unterschiedliche Situationen brachten Lina immer wieder in die für mich „unerreichbare Welt". Freundinnen, die solche Momente miterlebten, schauten hilflos und sprachlos zu. Sie bemitleideten mich, gaben Ratschläge, von denen keiner half. Sie bewunderten meine Geduld, die ich Lina entgegenbrachte, aber Fremde schüttelten verständnislos den Kopf. In ihren kritisch blickenden Augen glaubte ich, eine Anklage zu sehen. Die Anklage wegen Versagens, Unfähigkeit und Inkonsequenz in der Kindererziehung.

Linas Schreien jedoch war das Ergebnis einer Traumatisierung, die das Kind nicht verarbeiten konnte. Es war ein spontaner Ausdruck ihres körperlichen wie seelischen Unwohlseins, und es war zu jenem Zeitpunkt ihre einzige Möglichkeit, sich und ihren Schmerz zu artikulieren.

Lina schrie weiter. Jetzt, im Alter von drei Jahren, konnte sie sprechen. Sie redete jetzt auch, wenn sie schrie, weil sie in den Himmel wollte! Sie wollte zu Karl, ihrem geliebten Bruder. Die Sehnsucht nach Karl, aber auch nach ihrem Papa, trieb sie um, ließ sie nicht schlafen, machte sie aggressiv. Zum Schreien kam das Schlagen hinzu. Lina begann damit, um sich zu schlagen – auch nachts. Dauer und Intensität des Schreiens nahmen weiter zu: „Ich will zum Papa", „Lass mich! Geh weg! Ich will zum Karl!" Und immer wieder streckte sie die Arme in Richtung Himmel. Es gab Tage und Nächte, da konnte ich besser damit umgehen, an manchen Tagen weinte ich mit, schrie zurück, drohte... Nach etwa zwei Stunden war es dann überstanden.

Manchmal schlich ich mich erschöpft in mein Zimmer, setzte mich in einer Ecke auf den Boden und weinte vor lauter Verzweiflung und Hilflosigkeit. Wo sollte das alles hinführen? Wann sollte das alles ein Ende finden? Würde es überhaupt wieder Normalität geben? Meine Kinder klopften an meine Tür. „Mama, bist du da drin?“ Anna und Lina setzten sich dann zu mir auf den Boden. Anna schaute in meine verzweifelten Augen und ich in ihre. Lina wischte meine Tränen weg. Es war vorbei – bis zum nächsten Mal. Dieser Ablauf wiederholte sich im Durchschnitt alle zwei Tage. Ich stand permanent unter Druck, denn es konnte jederzeit wieder losgehen.

Ich suchte verzweifelt nach Hilfe, es durften aber keine Tabletten sein, keine chemischen Beruhigungsmittel. Deshalb suchte ich nach Alternativen. Heilung auf der Seelenebene. Ich begann nach Wegen zu einer solchen Heilung zu suchen, aber ich fand vorerst keine Lösung. Es sollte noch sehr lange dauern.

Das Schreien von Lina wurde immer intensiver und somit mehr und mehr zu einer Belastung, nicht nur für meine Tochter Anna und mich, sondern auch für unser Umfeld. Denn Lina ließ ihrer Wut, ihrer Verzweiflung jetzt ja auch tagsüber freien Lauf. In der Öffentlichkeit wurde ich mitleidig oder böse angeschaut, wenn es wieder einmal losging. Manche Mitmenschen zeigten sich verständnislos, andere wiederum schimpften auf mich: Ich stand als Mutter da, die nicht in der Lage war, ihr Kind zu beruhigen. Doch ich konnte mir und meinen Kindern wohl kaum ein Schild um den Hals hängen mit der Aufschrift: „Wir sind traumatisiert!“

Da Lina ein sehr forderndes und vereinnahmendes Kind war, das schon in frühen Jahren kleine und größere Machtspiele sehr gut verstand, wurden mir falsche Erziehungsmethoden unterstellt. Egal, wie ich erzog, ob konsequent und streng, ob geduldig und mit viel Liebe: Das Schreien blieb. Die Auslöser für das Schreien waren ganz unterschiedlicher Art, es war überhaupt kein Muster zu erkennen: Mal hatte eine Freundin nicht das gespielt, was sie wollte, mal konnte sie ihren Kopf nicht durchsetzen, oder sie fing an zu schreien, weil ich ihr etwas verbot. „Das hört sich doch alles ganz normal an. Da schreit ein Kind schon mal, reine Erziehungssache" – denkt man. Mag sein, aber nicht in dieser Häufigkeit und in den unterschiedlichsten Situationen, und schon gar nicht an einem Stück zwei Stunden lang, in denen sie unerreichbar für mich war und ich für sie.

Als Lina ungefähr fünf Jahre alt war, schrie sie immer noch. Ich versuchte durch Gespräche mit ihr herauszufinden, warum sie schreit und was sie in diesem Moment braucht. Ich fragte sie, ob ich sie das nächste Mal halten dürfte, wenn sie wieder schreien würde. Sie bejahte das, konnte es in der Situation aber dann doch nicht zulassen.

Mit sechs Jahren hatte sich die Situation immer noch nicht gebessert, allerdings mit dem einen Unterschied, dass Lina sich nach jedem Schreianfall entschuldigte: „Mama, es tut mir so leid. Ich kann nichts dafür, ich will gar nicht schreien. Ich verspreche dir, dass ich es jetzt schaffe, drei Mal zu schlafen ohne zu schreien."

Es gelang ihr nie.

Diese extremen Situationen waren für mich aus mehreren Gründen sehr schwer, wollte und musste ich doch in diesen Situationen auf mehreren Ebenen schnell, besonnen und mit aller Kraft reagieren: Ich sah Lina in ihrer Not und kam doch nicht an sie heran, ich musste meine eigenen Emotionen kontrollieren, meine andere Tochter im Auge behalten, und dazu hatte ich noch Angst, dass gleich ein Nachbar klingeln könnte, um sich zu beschweren. Selbst wenn ich es schaffte, zu Beginn des Schreiens die Fenster zu schließen: Lina schrie so laut, es war für mein Umfeld nicht zu überhören. Für mich bedeutete das Ohnmacht, Hilflosigkeit, Ratlosigkeit.

Es machte mich immer wieder aufs Neue traurig mit anzusehen, dass ich trotz meines Wissens meinem eigenen Kind nicht helfen konnte.

Es sollte fünf Jahre dauern, bis wir Heilung fanden.

> Kinder sind unser Spiegel, der uns unsere ungelösten Themen zeigt.
>
> *Eva-Maria Zurhorst*

7

Durch den Unfall war es leider auch nicht zur Taufe meiner Kinder Anna und Lina gekommen. Mir war klar, dass ich dieses Ereignis zu einem späteren Zeitpunkt gerne nachholen würde. Wann dies sein konnte, wusste ich lange Zeit nicht. Ich wusste nur, dass dieser Tag mich wieder an meine tiefste Verletzung führen würde. Unser Sohn Karl würde fehlen. Der Vater der Täuflinge würde fehlen. Der Onkel auch. Sie waren alle tot.

Lange Zeit hatte ich große Angst vor diesem Moment – Angst, es nicht zu schaffen, es nicht auszuhalten und damit die Taufe von Anna und Lina zu zerstören. Mein Anspruch an dieses Ereignis war nach wie vor hoch. Es musste die Kirche sein, die ich schon damals ausgesucht hatte, als meine Familie noch lebte. Es ist eine besonders schöne, kleine Kirche, etwas außerhalb von Baden-Baden gelegen. Aber es ist auch die Kirche, zu der ich nur gelangen konnte, wenn ich an der Unfallstelle vorbeifuhr. Diese Tatsache ließ mich die Taufe in weite Ferne schieben – von Jahr zu Jahr. Es sollte der gleiche katholische Pfarrer sein, der auch die Beerdigung gehalten hatte. Er ist ein besonderer Geistlicher, der die heute oft verstaubten Gottesdienste durch Humor und Gesang zu Gitarrenmusik entstaubt. Ich wusste, dass mich dieser Pfarrer durch die Momente der Taufe liebevoll tragen würde.

Als Anna und Lina schließlich fünf Jahre alt waren, nahm ich meinen Mut zusammen und kontaktierte den Geistlichen, denn vor ihrer Einschulung sollten Anna und Lina getauft sein. Der Pfarrer freute sich über meinen Anruf. Er war zwar inzwischen pensioniert, doch glücklicherweise machte es eine Sondergenehmigung möglich, dass er dennoch meine beiden Mädchen taufen konnte. Mir war wichtig, dass die Taufe in einem geschützten Raum, und nicht, wie meist üblich, während eines Gottesdienstes ablaufen würde. Nur meine engsten Freunde sollten daran teilnehmen. Diese kleine Gruppe brauchte ich als Sicherheit. Menschen, die meine emotionalen Wunden sehen durften und meinen Schmerz auch aushalten konnten. Menschen, vor denen ich keine Hemmung hatte, meiner Verzweiflung freien Lauf zu lassen. Denn ich wusste, dass mich Schmerz, Verzweiflung und unsagbare Trauer wieder überwältigen würden. Die Tauffeier fand im Schicksalsmonat August statt, drei Jahre nach dem Tod meiner Familie.

Am Tag der Taufe war ich sehr aufgeregt. Ich wusste nicht, ob dieses „emotionale Experiment“ gutgehen, ob und wie ich es durchstehen würde. Die Stimmung in einer Kirche hatte mich schon immer sehr berührt. Selbst bei schönen Ereignissen habe ich immer mit den Tränen gekämpft. Und seit der Beerdigung hatte ich Kirchen nur noch für die Kindergartengottesdienste meiner Töchter betreten. Die Taufkerzen von Anna und Lina lagen bereits auf dem Tisch, die Taufkerze von Karl musste ich noch holen. Ich wollte sie dabei haben. Ich wollte sie während der Tauffeier die ganze Zeit über in meiner Hand halten. Als ich sie aus der Verpackung nahm, fing mein Herz an zu rasen. An der Kerze waren noch Wachsreste von der Trauerfeier. Ich hatte die Kerze nach der Beerdigung in den Karton gelegt und sie kein einziges Mal mehr hervorgeholt.

Mein Vater, Anna, Lina und ich machten uns auf den Weg zur Kirche – auf den Weg vorbei an der Unfallstelle. Je näher wir ihr kamen, desto stiller wurde es zwischen uns. „Tapfer sein", ging es mir durch den Kopf, für Anna und Lina, tapfer sein für ihren Tag. In Gedanken sprach ich mit Gott: „Hilf mir, dass ich das durchstehe. Steh' mir bei!"

An der Unfallstelle hielt ich an. Es war zwar ein Rastplatz, aber kein schöner Platz zum Erholen: kein Ausblick, schattig und laut. Den beiden Mädchen bedeuteten wir, kurz im Wagen zu warten, während Vater und ich ausstiegen und ein Herz aus roten Rosen niederlegten an der Stelle, an der meine Familie gestorben war. Ein Rosenherz zwischen ungemähtem Rasen, zerknäultem Papier und Zigarettenstummeln. Ich zündete noch drei Friedhofskerzen an. Sprachlosigkeit herrschte zwischen mir und meinem Vater. Unsere mit Tränen gefüllten Augen trafen sich.

Anna und Lina wurden unruhig im Auto: Das Leben rief nach uns.

In der Kirche angekommen, erfreute ich mich an dem schönen weißen Blumenschmuck von der Hochzeit einen Tag davor. Wir begannen die Taufe mit Gesang, der Pfarrer selbst begleitete uns auf der Gitarre und wir stellten uns alle rings um das Taufbecken. Ich hielt Karls Kerze in der Hand. Und in manchen Momenten hatte ich das Gefühl, dass nicht ich sie halte, sondern sie mich. Der Geistliche begrüßte uns alle und gedachte gleich zu Beginn auch Kai, Karl und Stephan, die an diesem Tag nicht mehr bei uns sein konnten. So früh hatte ich meine Tränen dann doch nicht erwartet. Und doch meisterte ich die Zeremonie erstaunlich gut. Die großen, glücklichen Augen von Anna und Lina trösteten mich und erfüllten mein Herz mit Freude. Wir sangen zum Abschluss noch einige Lieder. Danach ließen wir in einem Restaurant gemeinsam diesen schönen Tag ausklingen. Ja, es war ein schöner Tag. Wir haben gelacht, und wir haben geweint.

Das ist das Leben.

Man kann lernen, das Leben zu lieben.

> Es tut noch weh, wieder neuen Platz zu schaffen,
> mit gutem Gefühl etwas Neues zuzulassen.
> In diesem Augenblick bist Du mir wieder nah
> wie an jenem so geliebten vergangenen Tag.
>
> Es ist mein Wunsch, wieder Träume zu erlauben,
> ohne Reue nach vorn in eine Zukunft zu schau`n.
> Ich sehe einen Sinn, seitdem Du nicht mehr bist.
> Denn Du hast mir gezeigt, wie wertvoll mein
> Leben ist.
> Geboren um zu leben.
>
> *Songtext von Unheilig*

Hatten lange Zeit nach dem Unfall unsäglicher Schmerz, schweres Leid, Verzweiflung und Hilflosigkeit mein Herz und meine Seele fest im Würgegriff, so schoben sich immer wieder auch die bohrenden Fragen nach der Schuld an dieser Tragödie in meine Gedanken. Ich hatte in dieser Zeit weder die Kraft noch die Ruhe und erst recht nicht den Frieden, diesen Fragen in innerem Einklang zu begegnen. Die Situation wurde in der Folgezeit nicht einfacher.

Der Verursacher des Unfalls, der meinen Sohn Karl, meinen Lebensgefährten Kai und meinen Bruder Stephan das Leben kostete, war der beste Freund von Kai. Nach dem Unfall hatten wir noch einige Zeit lang Kontakt. Wie es wohl jedem in dieser Lage ergehen würde, wollte ich natürlich wissen, wie sich der Unfall ereignet hatte, ob jemand von meiner Familie noch etwas gesagt hatte. Er war es doch, der in den letzten Stunden ihres Lebens mit ihnen zusammen gewesen war. Leider bekam ich nur die absurdesten Geschichten über die Unfallursache zu hören. Kein „es tut mir leid, was passiert ist", kein Bedauern, keine Schuldgefühle. Stattdessen Schuldzuweisungen an den Autohersteller Jaguar und seine Bremsen, an die Lenkung und ähnliches mehr. Im Übrigen sei ich jetzt „eine vermögenden Frau" – noch heute bin ich fassungslos über solch eine Bemerkung. Ich konnte das alles irgendwann nicht mehr hören.

Obwohl das Auto komplett ausgebrannt war, konnte die Ursache für den Unfall von den Sachverständigen der Staatsanwaltschaft eindeutig geklärt werden: überhöhte Geschwindigkeit. Der Unfallhergang konnte bis ins Detail rekonstruiert werden. Das Auto flog wegen überhöhter Geschwindigkeit aus einer Linkskurve, schleuderte gegen Bäume und fing

Feuer. Der Unfallfahrer konnte nahezu unverletzt das Auto verlassen. Laut Zeugenaussagen versuchte er noch, mit der Hilfe von Passanten meine Familie aus dem brennenden Auto zu befreien. Die Obduktionen ergaben genau, welche Verletzungen Karl, Kai und Stephan davongetragen hatten. Karl hätte überlebt, wenn kein Feuer ausgebrochen wäre.

Zu wissen, wie der Unfall geschah, war wichtig für mich. Einerseits half es mir, andererseits tat es mir gleichzeitig unendlich weh.

Ich gebe es zu und bitte um Nachsicht: In der Zeit nach dem Unfall habe ich in Gedanken den Unfallverursacher immer wieder umgebracht. Er sollte so leiden, wie meine verstorbene Familie hatte leiden müssen, wie ich tagtäglich litt. Hass, Groll und Neid machten mir mein Leben schwer. Ich empfand Neid, weil an seinem Tisch weiterhin seine Frau und sein Sohn saßen – mein Mann und mein Sohn lagen auf dem Friedhof, wegen ihm.

Ich hätte Amok laufen können.

Auch in der Folgezeit hatte ich aber keine Chance, diese bitteren und zugegebenermaßen feindseligen Gefühle zu verarbeiten und den Hass zu bändigen, denn die nächsten Erlebnisse mit dem Unfallverursacher machten alles nur noch schlimmer.

Der erste Schock kam bereits einen Tag nach der Beerdigung, als mich die Frau von Kais bestem Freund, der den Wagen gesteuert hatte, anrief. Sie fragte mich allen Ernstes, ob ich glauben würde, die Anwesenden hätten dem Inhalt der Predigt bei der Trauerfeier Aufmerksamkeit geschenkt. Der Pfarrer hatte das ausgesprochen, was passiert war: Ein Raser hat drei Menschen das Leben genommen. Der Geistliche hatte von Imponiergehabe, Unreife, Rücksichtslosigkeit gesprochen, und seine Predigt war sicherlich sehr mutig. Er litt mit mir, das sah ich ihm an. Es tat ihm unendlich leid, was passiert war, zumal er mein Kind eigentlich taufen, und nicht beerdigen sollte.

Was bewog die Ehefrau des Unfallverursachers zu einer solchen Aussage – ausgerechnet mir gegenüber, die ich gerade meine Liebsten hatte zu Grabe tragen müssen? Ihre Sorge bestand also wohl überwiegend darin, dass die Einwohner Baden-Badens die Wahrheit über die Unfallursache erfahren könnten. Das gesamte Agieren der Familie schien in der Zeit nach dem Unfall lediglich darauf abzuzielen, ihre „Scheinwelt“ zu sichern. Zum vermeintlichen Glanz und Glamour der Familie eines erfolgreichen Anwalts passen eben keine drei Toten: ein dunkler Fleck, der möglichst vertuscht werden sollte. Mir drängte sich die bedrückende Frage auf: War das also tatsächlich die einzige Sorge seiner Frau? Ich gestehe der Familie nach wie vor zu, dass ihnen das Geschehene damals wie heute leid tut. Dennoch: Zu jener Zeit irritierte mich dieser Anruf sehr und machte mich noch wütender, als ich ohnehin schon war. Hatte ich zuviel erwartet, als ich dachte, dass Schein und Oberflächlichkeit spätestens nach solch einem Ereignis der Demut weichen sollten?

Doch das nächste, für mich unfassbare Ereignis ließ nicht lange aus sich warten: Kais Freund konnte nach einer Woche das Krankenhaus verlassen und fuhr (!) danach wieder wie gewohnt in seine Anwaltskanzlei – und machte, als sei nichts geschehen, da weiter, wo er zehn Tage zuvor aufgehört hatte. Welch’ eine Ungerechtigkeit in meinen Augen! Mein Leben und das meiner Kinder liegt in Scherben, und er setzt sein Leben einfach fort. Die Ermittlungen von Polizei und Staatsanwalt waren noch im Gang, in einem Prozess aber würde er, der Unfallverursacher, sich stellen müssen, die Verantwortung übernehmen, die Konsequenzen tragen. Fehlanzeige.

Gegen den Verursacher des tödlichen Unfalls wurde kein Prozess geführt, die Staatsanwaltschaft hielt einen Strafbefehl für ausreichend, und so wurde die Strafe durch richterliche Entscheidung ohne Hauptverhandlung schriftlich festgelegt: fahrlässige Tötung in drei Fällen, neun Monate Bewährung, ein Jahr Führerscheinentzug, Geldstrafe. Für mich war das eine himmelschreiende Ungerechtigkeit, ich war fassungslos auf ganzer Linie, sie brachte mich fast um den Verstand. Hinzu kam, dass der Unfallverursacher die Möglichkeit hatte, Einspruch gegen den ergangenen Strafbefehl einzulegen. Und in der Tat lehnte er den Strafbefehl zunächst ab, weil er die Strafe als zu hoch empfand. Kurz bevor es zur Gerichtsverhandlung kam, akzeptierte er dann aber doch. Die Justiz hat ihn verschont, Verantwortung zu übernehmen, das Leben verschont nicht.

Damals war ich in meinen Gefühlen gefangen, heute aber weiß ich, wie sehr seine Seele weint. Ein Mensch, der andere so stark schädigt, kann nicht von psychischer Gesundheit sein. Seit geraumer Zeit unterstützt mich der Unfallverursacher freiwillig finanziell. Das ist für beide Seiten wichtig und gut. Ich habe dadurch mehr Frieden in dieser Sache finden können, weil ich sehe, dass er doch bereit ist, Verantwortung zu übernehmen. Und ihn bringt sein „Schuldbekenntnis“ in eine Kraft, die Unschuldige nicht haben – denn es kostet viel Energie, das immer wieder zu unterdrücken, was wir nicht wissen wollen, was wir leugnen und abstreiten.

Das war kurz nach dem tragischen Tod meiner Familie anders: Ich wollte und konnte die aus meiner Sicht erhebliche

Ungerechtigkeit von Seiten der Justiz nicht auf mir sitzen lassen. Ich war ja auch noch voll in meinem Hass gefangen. Also überlegte ich mir, wie ich weiter vorgehen sollte, liebäugelte auch mit der Presse, damit wenigstens diese den Fahrer an den „Pranger" stellen würde, wenn es schon nicht die Justiz getan hatte.

Umgesetzt habe ich nichts – Gott sei dank!

Allerdings machte ich mich an einem Donnerstag im Jahr 2005 auf den Weg zum Amtsgericht Baden-Baden, nachdem ich mich mehrere Tage seelisch auf die Begegnung mit Staatsanwältin und Richter vorbereitet hatte. Ich wollte Erklärungen. Ich wollte begreifen. Zuerst suchte ich die Staatsanwaltschaft auf, die mir den Strafbefehl erklären sollte, denn ich verstand ihn nicht. Da fährt einer eine Familie an den Baum, benutzt danach ein Jahr lang Bus und Bahn und damit ist alles abgegolten?

Heute sehe ich das natürlich anders, aber damals versperrte mir mein Schmerz jede andere Sichtweise.

Doch zur Staatsanwaltschaft kam ich nicht durch – also ging ich weiter zum Richter, der den Strafbefehl ebenfalls unterschrieben und damit rechtskräftig gemacht hatte. Seine Sekretärin wollte mich abwimmeln, doch ich blieb beharrlich und nach kurzer Zeit bat mich ein junger Richter, etwa Anfang vierzig, in sein Zimmer. Unsicher schaute er mich an. Ich stellte mich ihm sehr dicht gegenüber und sagte ihm deutlich, dass ich „die mit den drei Toten von der Schwarzwaldhochstraße" sei. Und dass ich gekommen sei, um den Richter zu sehen, der solch' einen Strafbefehl unterschreibt. Ich fragte ihn, ob das so üblich sei, wenn ein Kollege „Scheiße" baut. „Auge zudrücken" für einen Kollegen. Nadelstreifenanzug deckt Nadelstreifenanzug. Der Unfallverursacher ist doch bis heute Anwalt und hatte seine Referendarzeit bei der Staatsanwaltschaft Baden-Baden absolviert. Der junge Richter kam nicht wirklich zu Wort. Er wurde immer betroffener. Ich sagte ihm, dass er mir in die Augen schauen solle und dass ich will, dass er diese Augen nie mehr vergisst. Er sah meine Tränen, meinen Schmerz und meine Verzweiflung. Es berührte ihn sehr. Ich verließ nach kurzer Zeit wieder sein Zimmer. Er rief mir noch etwas hinterher, ich wollte nur noch nach Hause.

Alles war unaufhaltsam aus mir herausgebrochen.

Ich weiß bis heute nicht, wie es zu diesem Strafbefehl hatte kommen können, es ist auch nicht mehr wichtig. Das Leben regelt, was geregelt werden muss. Ich denke oft, für den Unfallverursacher wäre es besser gewesen, er hätte sich allem noch einmal in einer Gerichtsverhandlung stellen müssen. Und auch für meinen eigenen Trauerprozess wäre es hilfreich gewesen. Ich hatte mich von meiner Familie nicht verabschieden können. Eine Gerichtsverhandlung gab es auch nicht. All' das sind Faktoren, die meinen Trauerprozess verlängerten und meine Ohmnacht, meine Wut und meine Verzweiflung noch weiter verstärkten.

Durch meinen Versuch, den Richter mit mir und meiner Situation zu konfrontieren, wurde mir aber auch klar, dass mir der Hass, der Groll, der Drang nach Gerechtigkeit sehr viel Kraft raubten. Zu viel Kraft. Dass es mich und meine Kinder zerstören würde, wenn ich nicht das annehmen konnte, was war. Wenn ich nicht aufhören würde, Widerstand zu leisten gegen das, was nicht zu ändern ist.

Es dauerte ungefähr drei Jahre, bis ich es schaffte, ohne Groll auf den Unfallverursacher zu blicken. Ich bin sicher, auch er trägt heute schwer. Ich bin ihm nach langer Zeit im August 2010 an einer Tankstelle begegnet – eine Woche vor dem fünften Todestag. Bei seinem Anblick kamen mir Tränen in die Augen, aber es war kein Gefühl von Hass und Wut mehr da. Ich war in der Lage, kurz mit ihm zu sprechen, dann wollte ich gehen. Ich musste an Karl denken. Die Traurigkeit darüber, dass er nicht mehr am Leben ist, überkam mich auch jetzt wieder. Es ist meine tiefste Verletzung, die immer wieder wehtun wird, und die auch da sein darf. Ich will sie gar nicht wegtherapieren. Ich habe gelernt, mit ihr zu leben. Letztlich ist es diese schwerste Verletzung, die mich zu dem Menschen gemacht hat, der ich heute bin. Es ist die Verletzung, die mich auch in die Kraft gebracht hat, die ich heute habe. Es ist die Verletzung, die auch viel geheilt und somit die Liebe wieder zum Fließen gebracht hat. Die Liebe zwischen meinem Leben und mir. Sich dem Schicksal ergeben, annehmen was ist, verbleibt uns meiner Meinung nach als einzige Möglichkeit, wieder Freude im Leben zu finden.

Ich bin froh, dass ich meine Sichtweise und meine Gefühle dem Verursacher des Unfalls gegenüber verändern und weitgehend habe heilen können, denn etwa in der Zeit, in der ich diese Zeilen geschrieben habe, bekam ich einen Anruf vom ihm. Erst einmal war ich sehr überrascht, von ihm zu hören, denn wir hatten seit Jahren keinen Kontakt mehr. Mich überkam sehr schnell ein Gefühl der Fassungslosigkeit, denn ohne ein „Wie geht es Dir?“ kam er gleich zur Sache. Seine Versicherung, bei der er sich regelmäßig über den Stand der Dinge informiert hatte, hatte nach nunmehr fast sechs Jahren ein Gutachten erstellt, in dem die Einnahmen aus Kais beruflicher Tätigkeit und unsere Vermögensverhältnisse festgestellt wurden, um daraus den Unterhalt für meine Kinder zu ermitteln. Er bat mich um eine schnelle Einigung mit dem Versicherungsunternehmen, da er den monatlichen freiwilligen

Betrag an meine Kinder und mich nicht steuerlich absetzten könne. Da war er wieder, der Moment in meinem Leben, in dem auch ich tief durchatmen musste, um nicht aufs Neue mit Wut und Hass in Berührung zu kommen. Kann nach solch einer Tragödie die einzige Frage sein: Wie spare ich Steuern, um noch reicher zu werden? So viel Taktlosigkeit und auch Dummheit schreit zum Himmel – und dorthin habe ich es auch abgegeben, möge dieser es für mich regeln.

Wer kann schon den Tod steuerlich absetzten?

> Die Welt ist voll Torheit, Dumpfheit, Inkonsequenz und Ungerechtigkeit, es gehört viel Mut dazu, diesen nicht das Feld zu räumen und sich beiseite zu begeben.
>
> *Johann Wolfgang von Goethe*

9

Ich trug sehr schwer am Leben. Auf einen Schlag hatte ich die alleinige Verantwortung für meine Kinder, ich musste mich um alles kümmern, Entscheidungen treffen, ich kämpfte um unser seelisches Überleben. Ich hätte in dieser Zeit jede Form von Unterstützung gebraucht, denn ich war überfordert mit allem, was war. Dies war auch der Grund, weshalb ich den Kontakt zu Kais Eltern nach seinem Tod aufrechterhielt, obwohl mich Kai in einem Brief, den er seinem Testament beigelegt hatte, eindringlich davor gewarnt hatte.

Er kannte seine Eltern besser als ich – ich hätte auf ihn hören sollen.
Schon vor unserer Beziehung war Kais Verhältnis zu seinen Eltern, besonders das zu seiner Mutter, von Konflikten geprägt. Ich erlebte Mutter und Sohn mehr im Streit als in einem liebenvollen Miteinander. Als ich dann an seiner Seite lebte, bekam ich alles natürlich hautnah mit – und wurde ebenfalls mit hineingezogen. Ich hatte mich sehr bemüht, einen Platz in der Familie zu bekommen, zumal auch mein Elternhaus zerbrochen war. Es war mir nicht gelungen. „Du gehörst nicht zur Familie", bekam ich zu hören. Für Kais Mutter und seine zwei Schwestern war ich von Anfang an die falsche Frau an seiner Seite. Warum auch immer, ich weiß es bis heute nicht. Von Kai hatte ich immer Rückendeckung bekommen, er war stets auf meiner Seite. Zu seinem Vater hatte ich von Anfang an noch das beste Verhältnis. Er hatte mich auch in den Schwangerschaften und bei der Geburt der Kinder betreut. Bei ihm hatte ich über all' die Jahre den Eindruck gehabt, dass er mich mochte. Er hatte mir gegenüber nie ein böses Wort gesprochen, und natürlich war deshalb sein späterer Vertrauensmissbrauch umso schlimmer für mich.

Ich hatte gedacht, dass uns das gemeinsame schreckliche Schicksal – dem Unfall war mit meinem Mann und meinem Kind ja auch ihr Sohn und ihr Enkel zum Opfer gefallen – verbinden würde. Doch ich wurde eines Besseren belehrt.

Nach dem Unfall hatte mich zu allem Schmerz und aller Verzweiflung auch noch Panik und Existenzangst überfallen, denn ich wusste zu diesem Zeitpunkt noch nicht, dass Kai ein Testament und einen sehr persönlichen Brief an mich hinterlegt hatte. So saß ich einen Tag nach dem Unglück mit Kais Familie am Tisch und sprach auch über meine Sorgen, was die finanzielle Situation von den Kindern und mir betraf.

Ich hatte von Anfang an in der Beziehung mit Kai nie wirklich Einblick in unsere Finanzen. Kai regelte alles. In diesem Moment wusste ich noch nicht, dass ich meine Ängste in diesem Augenblick meinen Feinden offenbart hatte...

In seinem Testament hatte mich Kai als Alleinerbin eingesetzt – das war in dieser ausweglosen Situation wenigstens insofern eine große Beruhigung, als dass ich mir nicht auch noch zusätzlich Sorgen machen musste, wie ich Anna, Lina und mich in Zukunft materiell versorgen sollte. Unsere Existenz war erst einmal gut gesichert. Der finanzielle Hintergrund erleichtert mir bis heute viel. Kai hatte für den „Fall der Fälle" für seine Familie gesorgt. Auch dafür bin ich ihm sehr dankbar.

Einige Wochen nach dem Unfall sprach mich Kais Vater auf das Testament an und erklärte mir, dass in solchen Fällen automatisch ein sogenannter „Ergänzungspfleger" eingeschaltet werde, der das Vermögen der Kinder, ihren Pflichtteil am Erbe also, zu verwalten habe. Diese Auskunft habe er bei einem Beratungsgespräch mit einer Anwältin bekommen. Er schlug vor, dass er doch diesen Part übernehmen könne, bevor ein „Fremder" die Finanzen der Kinder regele. Ich vertraute ihm, ich glaubte ihm und stimmte deshalb seiner Idee zu, das Vormundschaftsgericht zu kontaktieren.

Der Inhalt des Briefes, den Kais Vater daraufhin von seiner Rechtsanwältin aufsetzen ließ und an das Vormundschaftsgericht sandte, beinhaltete allerdings etwas anderes als das, was er mir „fürsorglich" erklärt hatte: In diesem Schreiben schlug er sich als Ergänzungspfleger vor, da ich „im Interessenskonflikt betreffend der Verwaltung des Geldes der Kinder" sei. Er machte bereits Vorschläge, wie das Geld der Kinder angelegt werden könne – unter seiner Obhut. Und: Mit mir sei das alles abgesprochen.

Der Richter, der diesen Antrag überprüfte, sandte mir diesen Brief zu und bat um ein persönliches Gespräch. So machte ich mich dann zu dem vorgegebenen Termin auf den Weg, nicht wirklich wissend, was mich erwarten würde. Der Richter schilderte mir den Sachverhalt, erklärte mir aber auch gleichzeitig, dass er nicht den Eindruck habe, dass ich das Vermögen der Kinder nicht verwalten könne. Er war der Ansicht, dass ich trotz dieses schweren Schicksalsschlages in guter Verfassung sei und lehnte den Antrag ab! Was mir erst zu einem späteren Zeitpunkt klar werden sollte: In diesem Punkt hatte ich Glück gehabt.

Ich war dennoch bemüht, nach dem Unfall ein gutes Verhältnis zu den Großeltern meiner Kinder aufzubauen – ihnen zuliebe und auch den Eltern von Kai zuliebe, denn Anna und Lina sind das Einzige, was sie von ihrem Sohn noch haben. Die Familie, besonders die Mutter und ihre Töchter luden sich permanent selbst ein, wurden aufdringlich und vereinnahmend. Sie kamen jedes zweite Wochenende nach Baden-Baden. Eine Unterstützung waren sie nicht wirklich, vielmehr bot ihnen mein Leben und das meiner Kinder eine Möglichkeit, ihrem Alltag zu entfliehen. Da ich aber damals noch keine Grenzen setzen konnte, erduldete ich die Besuche mehr oder weniger und nahm auch Einladungen nach Nürnberg an, obwohl ich zu der Familie nie ein Verbundenheitsgefühl verspürt habe – die zehn Jahre Ablehnung saßen tief.

Nach dem Tod von Kai suchten die Eltern unter anderem auch eine Immobilie in Baden-Baden, weil sie überlegten, in unsere Nähe zu ziehen, wenn der Vater in Rente gehen würde. Erst nachdem schon viele Exposés auf dem Tisch gelegen und auch bereits Besichtigungen stattgefunden hatten, wurde ich über diese Absicht informiert. Vielleicht deshalb, weil ich ihnen – in einem anderen Zusammenhang – schon einmal erklärt hatte, dass dies nicht mein Wunsch sei, da ich vermutete, dass ich Kais Familie dann dauernd um mich haben und die Mutter versuchen würde, mein Leben zu kommentieren – und zu kontrollieren. So viel Nähe war mir dann doch zu viel, was ich ehrlicherweise auch kundgetan hatte.

Kais Eltern wollten meinen Wunsch respektierten – zumindest sagten sie es mir so. Allerdings habe ich dann zu einem späteren Zeitpunkt erfahren, dass Kais Mutter weiterhin nach Baden-Baden fuhr, um sich Immobilien anzuschauen – immer mit dem Hinweis an den Makler, der „Schwiegertochter" nichts davon zu sagen. Ich aber wusste von jedem Tag, an dem die Mutter wieder nach Baden-Baden kam, und sogar, welches Haus sie besichtigen würde. Einmal sah ich sie sogar auf einer Bank im Rosengarten sitzen. Immerhin lebe ich seit 14 Jahren in Baden-Baden und habe viele gute, vertrauensvolle Kontakte.

Ich wurde doch sehr unsicher. War vielleicht auch das Thema „Ergänzungspflegschaft" nicht so gut gemeint, wie ich geglaubt hatte? Von einem „Interessenskonflikt" meinerseits hatte Kais Vater an das Gericht geschrieben. Interessenskonflikt? Bis heute weiß ich nicht, in welcher Form dieser Interessenskonflikt hätte aussehen können. Neue Handtasche gegen Essen für meine Kinder vielleicht?

Da ich nach dem Unfall und dem Tod von Karl, Kai und Stephan mit meinen Gedanken und Gefühlen so sehr in Schmerz und Verzweiflung gefangen war, hatte ich keinen Sinn für „Organisatorisches", regelte mehr mechanisch als bewusst die Dinge, die notwendigerweise geregelt werden mussten. Und ich nahm es als selbstverständlich an, dass Hilfe und Unterstützung, die mir in diesen Dingen zugesprochen wurden, auch tatsächlich Hilfe und Unterstützung im Sinne von

Anna, Lina und mir waren... Manchmal waren in mir kurze Momente des Zweifels aufgekommen, die ich jedoch stets wieder unterdrückte. Nicht noch ein Kampf!

Jetzt aber blieb mir keine andere Wahl mehr.

Als sich meine äußeren Angelegenheiten immer mehr geklärt hatten und ich mehr und mehr in meine Kraft kam, war es ein Zufall, der mich bewog, bezüglich der Ergänzungspflegschaft selbst zu recherchieren. Ich wollte Klarheit, nahm dieses Schreiben von Kais Vater an das Vormundschaftsgericht zur Hand, suchte Rat bei einem Fachanwalt für Erbrecht – und fiel aus allen Wolken! Ich musste erfahren, dass die Angelegenheit keineswegs in meinem Sinne ins Rollen gebracht worden war. Im Gegenteil, denn ein Ergänzungspfleger wird eben nicht – wie mir eingeredet worden war – „automatisch eingeschaltet", sondern nur dann, wenn von anderen Personen der Hinweis gegeben wird, dass „die Personensorge und/oder die Vermögenssorge verletzt werden könnte". In diesen Fällen entscheidet dann ein Gericht über den Antrag. Und: Mit Einschalten eines Ergänzungspflegers kommt es automatisch zu einem Teilentzug der Sorge. Ich war schockiert: Der Brief von Kais Vater bedeutete also nicht anderes, als dass er dem Vormundschaftsgericht einen Hinweis gegeben hatte, ich würde die Sorge für meine beiden Mädchen und/oder die Sorge um ihren Erbteil verletzen. Er wollte, dass mir ein Teil des Sorgerechts entzogen wird.

Ich wollte nicht glauben, dass die Eltern des Mannes, den ich geliebt hatte, mit dem ich drei Kinder hatte und den ich mit unserem gemeinsamen Sohn durch ein tragisches Schicksal gerade verloren hatte, mir das antun könnten. Ich war ernüchtert, entsetzt, maßlos enttäuscht – und zog die Konsequenzen: Spätestens jetzt wurde mir klar, dass ich dem Zugriff dieser Familie entkommen musste, um mich und meine Kinder zu beschützen. Das Umgangsrecht mit Anna und Lina ist für die Großeltern und die Tanten seitdem auf ein Minimum reduziert. Ich hätte mir für meine Kinder gewünscht, dass sie Großeltern haben, die ihnen Werte vermitteln und die ihre Mutter unterstützen, denn meine Kraft kommt auch ihnen zugute. Und für mich hätte ich gewünscht, dass ich in Kais Eltern Menschen finde, die mir den Rücken stärken.

Es sollte nicht sein.

Vergebung? Der Akt der Vergebung ist so eine Sache! In nahezu allen Lebensratgebern sind kluge Worte in ausführlichen Kapiteln über Verzeihen, Vergeben zu finden. Ratschläge, wie es geht, was man tun soll, warum Vergebung so wichtig ist... Und dennoch ist die Umsetzung sehr schwierig – finde ich zumindest, denn ich zum Beispiel bin leider sehr nachtragend. Das ist dem Akt der Versöhnung ganz bestimmt nicht förderlich.

Aus eigener Erfahrung weiß ich aber auch, dass es lebensnotwendig ist, sich mit dem, was war, auszusöhnen. Hass und Groll auf jemanden oder auf eine Situation vergiften unseren Körper und unsere Seele. Die negativen Gefühle behindern uns, den Weg des Lebens glücklich und zufrieden zu beschreiten, durch negative Gefühle bleiben wir auch immer an die betreffenden Menschen, an das jeweilige Ereignis gebunden. Hass zwingt festzuhalten, Liebe löst. Ich kann mich mit einem Menschen, der mich tief verletzt hat, sehr schlecht wieder versöhnen, schon gar nicht dann, wenn ein Tiefschlag nach dem anderen folgt. Ein Mensch, der zeigt, dass es ihm kein Problem bereitet, den andern zu verletzen, wird es immer wieder tun. Nach dem zweiten Tiefschlag ist bei mir heute Schluss, der Mensch begleitet mich und mein Leben nicht mehr. Ich habe festgestellt, dass ich mich heute leichter mit der Situation versöhnen kann, weil ich das, was passiert ist, heute als eine Entwicklungschance für meine Seele betrachte. Die Menschen, die uns Tiefschläge versetzen, sind unsere besten Lehrmeister, an ihnen können wir, kann unsere Seele optimal wachsen. Wir brauchen unsere Mitmenschen und wir brauchen schmerzhafte Situationen, damit Entwicklung stattfinden kann. Ich stelle mir heute immer noch die Fragen:

Warum ist mir das passiert?

Was kann ich daraus lernen?

Warum tut mir ein Ereignis emotional weh?

Was habe ich in der Vergangenheit unterlassen, sodass es überhaupt zu solch einem Ereignis kommen konnte?

Wo habe ich keine Grenzen gesetzt, sodass es überhaupt zu einer Grenzüberschreitung kommen konnte?
All' das ist meines Erachtens ein wichtiges Hinterfragen, damit sich Situationen nicht wiederholen müssen. Denn die Dinge im Leben wiederholen sich so oft, bis wir sie erkennen. Dieser Weg ist für mich der erste Schritt, erst einmal zu innerer Ruhe zu kommen und mit meinen Gefühlen bei mir zu bleiben. Dann aber gehe ich heute noch einmal mit dem Betreffenden ins Gespräch, um die Situation zu klären. Auch mein Gegenüber hat so die Möglichkeit, sich zu erklären. Danach ist es offen, ob es ein zweites Mal gibt, oder ob sich die Wege trennen. In diesem Rahmen hat dann auch die Wut, die Enttäuschung und der Frust ein Ventil, was wichtig ist, um mit der betreffenden Person und der Situation abschließen zu können. Früher tat ich diesen Schritt nicht, was zur Folge hatte, dass sich viele negative Emotionen in

mir anstauten und sich dann zu einem späteren Zeitpunkt umso heftiger entluden. Ich musste die Wut die ganze Zeit in mir tragen – was mir nicht gut tat. Was keinem gut tut. Nach einer schlimmen Erfahrung müssen wir erst einmal den Weg der Erkenntnis suchen, bis wir auf den Weg der Versöhnung gelangen – und dieser darf auch seine Zeit dauern.

> Verzeihen können wir aber erst, wenn wir verstanden haben, weshalb alles so geschehen musste.
>
> *Osho*

10

Die Dinge im Leben wiederholen sich so oft, bis wir es bemerken und die Richtung ändern. Dies war auch bei mir der Fall. Knapp ein Jahr nach dem Unfall schickte mir das Leben die Liebesengel vorbei. Mir begegnete ein wunderbarer Mann – nennen wir ihn Markus –, der meine Kinder und mich sehr liebte. Er nahm Anna und Lina an wie seine eigenen Kinder, meine Mädchen genossen immer sehr seine Anwesenheit. Obwohl er durch seinen Beruf nur wenig Zeit hatte, schenkte er uns jede freie Minute. Und ich liebte ihn.

Aus beruflichen Gründen musste Markus nach einem halben Jahr unseres Zusammenseins nach Berlin ziehen. Ich besuchte ihn dort sehr oft und immer sehr gerne mit den Kindern. Da sie noch im Kindergarten waren, konnten sie ohne Probleme mitkommen. Berlin war damals und ist auch heute noch für mich eine faszinierende Stadt, die ich immer wieder gerne besuche. Es war uns beiden aber auch klar, dass wir die Beziehung auf diese Distanz nicht halten konnten. Mein Umzug nach Berlin wurde lange diskutiert. Es gab einige Gründe, weshalb ich in Baden-Baden blieb, der entscheidende Grund aber war, dass mein Selbstwert noch nicht genügend aufgebaut war und ich in dieser Partnerschaft erneut Gefahr lief, in eine Abhängigkeitsproblematik zu rutschen.

Markus war in einer ganz anderen Familienstruktur eingebunden als Kai es gewesen war, dennoch wäre mein Kampf wieder einmal um die emotionale Erreichbarkeit des anderen gegangen – wie bei meiner Mutter und wie bei Kai. Der Verlauf der Beziehung machte dies sichtbar. Ich habe mich letztendlich gegen die Beziehung mit Markus und für mich und für mein Leben entschieden. Ich hatte schon lange Zeit davor mit mir ausgemacht, dass ich mich nie mehr für einen anderen Menschen aufgeben würde. Dieser Schritt war zunächst der schwierigere, meine Ängste hatten mich noch immer fest im Griff, mein Ego und die Liebe lockten mich, dennoch war dieser Schritt für mich und meine Kinder notwendig. Sie brauchten unbedingt eine Mutter, die Halt und Sicherheit gibt, und ich wollte damit beginnen, selbst Verantwortung für mich und mein Leben zu übernehmen. Ich habe diese Entscheidung nie bereut, denn die Beziehung zu Markus hätte nur funktioniert, wenn ich so geblieben wäre, wie ich früher gewesen war. Hätte ich meine Persönlichkeitsentwicklung an seiner Seite fortgesetzt – wenn dies überhaupt möglich gewesen wäre –, dann wäre diese Verbindung früher oder später zerbrochen. Ich liebte diesen Mann sehr – so wie es mein Herz, meine Seele zu diesem Zeitpunkt konnten, aber mir ist heute ebenfalls klar, dass ich damals nicht wirklich in der Lage war zu lieben. Heute ist die Liebe, die ich lebe, eine andere. Es ist die bedingungslose Liebe, die nicht besitzen will, die nicht fordert. Die Liebe ist!

Die Entscheidung für mich und mein Leben war ein wichtiger Schritt für meine seelische Heilung und Entwicklung. Ich wollte nicht mehr gerettet werden, ich war bereit, Verantwortung zu übernehmen. Und obwohl ich heute weiß, dass ich zu diesem Zeitpunkt noch nicht so gut geheilt war, so hatte ich doch schon einen Bezug zu mir selbst aufgebaut. Menschen mit einem guten Bezug zu sich selbst können sich gut aus Beziehungen wieder lösen, weil sie wissen, dass sie sich selbst verlieren, wenn sie in einer destruktiven Beziehung bleiben.

Unsere Themen ziehen sich wie ein roter Faden durch unser Leben, nur der Schauplatz und die Schauspieler ändern sich. Durch unser Umfeld kommen wir so lange mit unseren Themen in Kontakt, bis sie uns bewusst werden, und wir bereit sind, sie zu lösen. Solche „Wiederholungen" können auch der Versuch unserer Seele sein, sich von einem Trauma zu heilen. Wo ich früher noch Bindung um jeden Preis wollte, verzichte ich heute lieber auf eine Liebesbeziehung, wenn es bedeuten würde, mich und meine Weiterentwicklung aufzugeben und Respektlosigkeit mir gegenüber hinzunehmen. Für mich bedeuten Widerstand und Wachstum erst einmal Verzicht, denn unser Ego lockt uns immer wieder in unsere alten Verhaltensmuster. Es kostet Kraft, sich dem zu widersetzen, denn unsere Gewohnheiten sind ja auch bequem. Der Lohn dafür ist ein „Leben des wahren ICH".

> Ich sehe deinen Stern, aber ich folge meinem.
>
> *Bert Hellinger*

Mein Leben vor der Katastrophe

11

Die unsagbare Katastrophe hat mein Leben in zwei Leben geteilt – das Leben vor dem Tod meiner Familie und das Leben danach.

Es sind zwei Leben, wie sie unterschiedlicher nicht sein könnten. Und dennoch fügten sie sich wieder ineinander. Meine tiefen Verletzungen, die mir in den ersten Jahrzehnten meines Lebens zugefügt wurden, kamen durch den Unfalltod meiner Familie unverblümt wieder zum Vorschein und sollten auf dem tiefsten Punkt meines Seins, meiner Verzweiflung und meines Schmerzes die Chance zur Heilung bekommen.

Doch in diesen Tagen und Wochen hatte der Gedanke an Heilung noch keinen Millimeter Platz in meiner geschundenen Seele. Ein gnadenloses Schicksal hatte mir an diesem 13. August 2005 mit unvorstellbarer Wucht den Atem genommen. Sollte ich bis dahin geglaubt haben, die qualvollen Abschürfungen, die mein Inneres in früheren Jahren erlitten hatte, überwunden zu haben, so brachen nun auch diese Wunden wieder auf.

Es war an einem Dienstag im Juni 1969, als ich geboren wurde. Willkommen geheißen hat mich vor allem mein Vater, für meine Mutter war ich leider kein Wunschkind. Es war eine tragische Mutter-Kind-Beziehung, die bereits im Mutterleib ihren Ursprung genommen hatte und die mich viele Jahrzehnte begleiten und auch prägen sollte. Zu Hause erwartete mich mein Bruder Stephan, der zwei Jahre zuvor geboren worden war, und meine Oma Klara, mütterlicherseits, die meine Ersatzmama wurde.

Dann gab es da noch einen anderen Bruder, Michael, von dem ich erst viele Jahre später erfahren sollte. Er war Stephans Zwillingsbruder und war einen Tag nach der Geburt an den Folgen von Sauerstoffmangel verstorben. Über Michael wurde in unserer Familie nie gesprochen, es war ein schmerzhafter Fleck, auf den niemand mehr schauen wollte. Es war, als wäre er nie geboren worden. Stephan hatte überlebt, trug aber eine Behinderung davon: spastische Diphlegie.

Pamela Katharina, die „Prinzessin" einer wohlhabenden Familie war also geboren – und niemand konnte ahnen, was das Leben für sie bereithalten würde.

Als ich ungefähr ein Jahr alt war, besuchte uns eine Freundin meiner Mutter, eine Krankenschwester. Als sie mich beim Gehen beobachtete, fiel ihr mein „Entengang" auf und wies meine Mutter darauf hin, dass da etwas nicht stimme. Besorgt suchten daraufhin meine Eltern die Uniklinik Münster auf, die sie bereits durch Krankenhausaufenthalte meines Bruders kannten, und nachdem ich dort untersucht worden war, stand fest: Hüftluxation beiderseits – zu spät für eine Spreizhose, wie sie noch heute bei dieser Fehlstellung des Beckens verwendet wird. Es folgten mehrere Hüftoperationen zwischen dem ersten und zweiten Lebensjahr, mit einem Krankenhausaufenthalt von einem Jahr – am Stück! Als ich schließlich nach Hause durfte, weinte ich sehr, weil ich meine Eltern nicht mehr erkannte. Krankenschwester Antonia war meine Ersatzmutter geworden. Zu jener Zeit durften Eltern nicht bei den Kindern im Krankenzimmer sein, sondern konnten ihr Kind nur durch eine Glasscheibe sehen. Zu Hause musste ich noch viele Monate in einem Gipsbett liegen. Wann ich wieder anfing, das Gehen zu lernen, das konnten mir meine Eltern nicht mehr sagen.

Ich hatte also schon zu Beginn meines jungen Lebens erste Verluste zu verzeichnen. Den Verlust der seelischen Bindung zu den Eltern und den Verlust meiner Gesundheit – es sollten aber noch mehr schmerzhafte Verluste werden.

Ich kann mich an fast nichts mehr aus meiner Kindheit erinnern, was unter anderem dafür spricht, dass ich vieles verdrängt habe – um zu überleben. Ein Bild hat sich in mir erhalten: Manchmal sehe ich mich als kleines Kind in unserem Haus stehen und auf meine Mutter schauen, wie sie einmal mehr mit meinem Bruder krankengymnastische Übungen macht. Stephan wurde in 22 Jahren 14 Mal operiert, was immer lange Reha-Maßnahmen nach sich zog.

Was die Betreuung meines Bruders betraf, leistete meine Mutter Großartiges. Ich aber wurde in dieser Zeit angehalten, Bilder zu malen oder mich anderweitig zu beschäftigen. Raum für die eigenen Bedürfnisse konnte – oder wollte – sie mir nicht geben. Auch die Zuflucht zum anderen Elternteil war damals nicht möglich. Mein Vater und ich konnten in diesem Lebensabschnitt nicht wirklich etwas miteinander anfangen.

So hatte ich zu diesem Zeitpunkt meinen Selbstwert bereits verloren. Ich fühlte mich ungesehen, einsam und emotional unterernährt. Ich lernte, dass die Bedürfnisse anderer wichtiger sind, und nahm mich und meine Bedürfnisse irgendwann gar nicht mehr wahr.

Mein Bruder dagegen bekam die ganze Aufmerksamkeit meiner Eltern: Rücksicht und Nachsicht von früh bis spät. Große Geburtstagspartys wurden für ihn inszeniert, damit er trotz seiner Behinderung in der Schule Anschluss fand – bei mir war dieser „Aufwand“ wohl nicht notwendig. Dafür musste ich die gleichen Schulen besuchen wie Stephan, um in seiner

Nähe zu sein, ihn zu unterstützen und ihm beizustehen. Hatte Stephan Probleme in der Schule, dann kontaktierten die Lehrer mich, weil ich „so vernünftig“ war. Dass ich mit solchen Gesprächen völlig überfordert war, das erkannten die Pädagogen nicht. Im Übrigen war ich auch nicht der geeignete Ansprechpartner für meinen Bruder, sondern meine Eltern wären dies gewesen.

Durch die vielen Operationen verbesserte sich der Gesundheitszustand meines Bruders zunehmend, dennoch setzte er seine Behinderung geschickt ein, wenn es darum ging, keine Leistung erbringen zu müssen oder sich Vorteile zu verschaffen. Ich war deshalb oft wütend auf ihn, und aus diesem Grund war in der Kindheit unser Verhältnis auch nicht besonders gut. Heute weiß ich: Die Qualität der Geschwisterbindung spiegelt die Qualität der Bindung zwischen Vater und Mutter.

Zudem habe ich nie verstanden, weshalb mein Bruder aus seinem Leben nichts gemacht hat, obwohl mein Vater ihm durch sehr gute Schulen und Internate einen guten Schulabschluss ermöglichen wollte. Leider verspürte Stephan nie den Drang in sich, aus seinem Leben etwas zu machen. Heute weiß ich auch mehr über die Beziehung zwischen Zwillingen: In der Regel haben Zwillinge eine starke seelische Bindung. Stirbt einer der beiden, so kann es sein, dass sich der lebende Zwilling unbewusst mit dem toten Zwilling solidarisiert und sich das Recht auf sein eigenes Leben abspricht. Dies kann oft zur Folge haben, dass dem lebenden Zwilling dadurch die Kraft für die Bewältigung seines Lebens fehlt.

Meine Mutter brachte uns das Tennisspielen bei, wobei ich bis heute nicht verstehe, wie man Kinder mit Hüft- und Beinproblemen auf den Tennisplatz stellen kann. Trotz meines Hüftleidens wurde ich eine sehr gute Tennisspielerin. Ich nahm an Meisterschaften teil, meine Pokale und Medaillen widmete ich meiner Mutter, denn endlich nahm sie mich einmal wahr! Und sie trieb mich immer weiter an – mehr trainieren, mehr spielen, mehr gewinnen!

Ich machte mit, denn ich war froh, wenigstens als Tennisspielerin endlich Anerkennung von meiner Mutter zu bekommen. Doch das harte Training führte dazu, dass ich mich im Alter von 21 Jahren einer erneuten Hüftoperation unterziehen musste. Mit dem Tennisspielen war es vorbei. Ich hatte nach der Operation lange Zeit Schmerzen, war ein Jahr lang auf Krücken angewiesen und meine Krankengymnastin wurde meine Freundin.

Als es mir wieder besser ging, widmete ich mich meinem Medizinstudium, obwohl ich eigentlich Psychologie studieren wollte. Meine Mutter aber meinte, Medizin würde besser zu mir passen! Ich beugte mich ihrer Meinung, da ich damals noch „lieb" sein wollte. Heute glaube ich, dass es ihr peinlich gewesen wäre, zu erzählen, dass ihre Tochter Psychologie studiert. Aber auch das Studium der Medizin war sehr interessant, ich habe viel über die Anatomie und Physiologie des Menschen gelernt, machte mehrere Praktika in Krankenhäusern, war sowohl in der Pflege als auch bei Operationen dabei. Allerdings habe ich nie die Leidenschaft für diesen Beruf in meinem Herzen gespürt, wie ich sie heute spüre, wenn ich arbeite – ich bin heute in meinem Element, ich lebe meine Berufung.

> Die wahre Entscheidung ist die, Du selbst zu sein.
>
> *Tiziano Teranzi*

12

Als ich ungefähr 14 Jahre alt war, fing ich an, nach dem Sinn des Lebens zu suchen. Ich empfand das Leben als ungerecht. Ich fühlte mich ungeliebt, mein Bruder wurde bevorzugt, andere Kinder waren gesund und deren Eltern hatten ein glückliches Miteinander.

In Büchern suchte ich Antworten auf meine Fragen. Ich wollte das, was war, verstehen. Es war der Anfang meiner Suche nach dem Sinn des Lebens.

Ich las stundenlang in meinen Büchern, meine Eltern interessierten sich nicht für meine Neugierde auf das Leben, vielmehr beobachtete ich bei ihnen ein „Auseinanderleben". Wir Kinder unternahmen viel mit unserer Mutter. Die Sommerferien verbrachten wir größtenteils alleine mit ihr an der Nordsee, bei den Winterurlauben war mein Vater manchmal dabei, aber bei vielen Aktivitäten blieb er außen vor. Wenn ich mich heute an unser Familienleben erinnere, dann wird mir klar, dass es dort nie ein Gefühl der Verbundenheit gab. Ich bin inzwischen der Meinung, dass meine Eltern zwar eine Ehe führten, aber dass zwischen ihnen nie eine seelische Bindung bestand, dass zwischen ihnen nicht die Liebe floss. Die Ehe meiner Eltern drohte mehr und mehr zu zerbrechen, und dieser schleichende Trennungsprozess wurde der Nährboden für den späteren emotionalen Missbrauch. Erst durch meine Ausbildungen in den letzten Jahren ist mir klar geworden, dass mich meine Mutter und später auch mein Vater emotional missbraucht haben.

Ich rang jeden Tag um eine Beziehung zu meiner Mutter. Für ihre Liebe, für das Gesehenwerden war ich bereit, alles zu tun. Als die Ehe-Konflikte zwischen meinen Eltern zunahmen, nahm ich die Stelle von meinem Vater ein – ich wurde Partnerersatz. Mein Bruder orientierte sich auf die Seite meines Vaters, und endlich war der Platz für mich frei an der Seite meiner Mutter, nach deren Nähe ich mich immer so sehr sehnte.

Das Leben an der Seite meiner Mutter war sehr anstrengend, denn ihre Stimmungsschwankungen waren schwer einzuschätzen. Ich lebte viel in Angst und Unsicherheit, ich wussten nie, was mich erwarten würde. Obwohl ich meine Gedanken für mein Studium brauchte, missbrauchte sie mich in der Scheidungsphase für ihren Rachefeldzug gegen meinen Vater. Wieder wurden meine Bedürfnisse missachtet. Ein eigenes Privatleben hatte keinen Platz, denn ich sollte ihr jederzeit zur Verfügung stehen, wann immer sie jemanden brauchte – oder zu brauchen glaubte. Ich erinnere mich zum Beispiel noch sehr gut an eine Situation, als ich meinen damaligen Freund, der in Heidelberg Zahnmedizin studierte, am Abend endlich wieder einmal besuchen wollte. Meine Mutter aber redete mir so lange ein schlechtes Gewissen ein – „Du kannst mich doch jetzt nicht alleine lassen!“ – bis ich schließlich meinem Freund absagte...

Solche Ereignisse gab es des Öfteren, ich war so bedürftig nach der seelischen Verbundenheit mit meiner Mutter, dass meine Liebe zu meinem Freund keine Chance hatte. Meine Mutter klammerte sich an mich und nahm mir damit die Kraft für mein eigenes Leben.

Ich konnte mit der Zeit dem Druck meiner Mutter nicht mehr standhalten, der Platz an ihrer Seite wurde für mich immer unerträglicher – mir ging es körperlich und seelisch immer schlechter. Ich musste den Kontakt extrem reduzieren, um nicht an ihr, an der Situation zu zerbrechen. In meiner Not orientierte ich mich wieder zu meinem Vater. Meine Mutter hat mir diesen Schritt bis heute nicht verziehen. Mehrere Erklärungsversuche auch noch Jahre danach konnten sie nicht versöhnlich stimmen. In der Folge wurde der Kontakt zu meinem Vater und zu meinem Bruder Stephan wieder intensiver, aber ich kam vom Regen in die Traufe, weil ich die Problematik damals nicht durchschaute.

Zwar war ich dem Druck meiner Mutter entflohen, doch jetzt wurde ich auch für meinen Vater zum Ersatz für die fehlende Partnerin! Ich studierte, nebenher war ich seine Ansprechpartnerin für private und berufliche Probleme und kümmerte mich um seine Zahnartpraxis. Die endgültige Trennung meiner Mutter von meinem Vater hatte meinen Vater emotional zerstört, danach fehlte ihm die volle Kraft für sein Leben und ich spürte, dass ich ihn nicht „tragen“ konnte.

In dieser Zeit, ich war inzwischen Mitte zwanzig, lernte ich Kai kennen. Mein Vater unternahm sehr viel, um diese Verbindung zu verhindern und seinen „Partnerersatz“ nicht zu verlieren, aber Kai wurde mein „Prinz, der mich rettete“.

Meine Eltern verhinderten durch ihr Verhalten mir gegenüber die Abnabelung von ihnen, was ihnen selbst aber nicht bewusst war. Ich bin ihnen auch heute überhaupt nicht böse deswegen, es war mein Weg für meine seelische Entwicklung. Ich danke Ihnen, dass sie mir das Leben geschenkt haben, ich danke ihnen für das, was sie mir gegeben haben und was sie mir nicht geben konnten.

Das Verhältnis zu meinem Vater hat sich inzwischen entscheidend verbessert. Wir haben seit vielen Jahren eine sehr innige Bindung. Darüber bin ich sehr froh und dafür bin ich sehr dankbar. Ohne seine Unterstützung wäre vieles nicht möglich gewesen, gerade auch in dieser unsagbar schweren Zeit nach dem Tod meiner Familie.

Meine Mutter und ich haben heute keinen Kontakt mehr. Eine seelische Bindung zur Mutter wird zwar immer bestehen, was aber nicht automatisch zur Folge hat, dass es auch zu einer Beziehung kommt. Auch ihre tiefen Verletzungen aus der Vergangenheit, wie der frühe Tod ihres Vaters und der Tod einer Schwester, haben sie und ihre Seele geprägt. Ich kann ihr heutiges Verhalten mir gegenüber damit nicht entschuldigen, aber ich kann es besser verstehen. Damit die Liebe zwischen uns hätte fließen können, hätte auch sie den Wunsch nach Heilung verspüren müssen, auch sie hätte den Mut aufbringen müssen, hinzuschauen – dahin, wo es wehtut. Ich habe in den letzten Jahren versucht, mein „Mutterthema" zu verarbeiten, konnte viel auf spiritueller Ebene lösen. Viel Karmaarbeit und die Arbeit an meinem Selbstwert ließen ihr keine Möglichkeit mehr, mich zu benutzen. Ich lehne meine Mutter heute nicht mehr ab, ich kann mitfühlend auf sie schauen, was auch wichtig für mich ist, denn in meiner seelischen Identität bin ich auch meine Mutter. Wenn ich diese ablehne, lehne ich auch einen Teil in mir ab. Ich versuche heute, meinen Kindern die Mutter zu sein, die ich mir für mich gewünscht hätte. Und obwohl ich heute selbst Mutter bin, vermisse ich eine liebende Mutter an meiner Seite.

> Je klarer wir uns selbst und unsere Emotionen verstehen, desto mehr lieben wir das, was ist.
>
> *Frei nach Baruch Spinoza (17. Jh.)*

13

Der Prinz auf dem weißen Pferd war in Sicht, als ich Kai kennenlernte. Er hatte all das, was ich nicht hatte! Kai ging nach dem Wehrdienst für drei Jahre nach Amerika und erlernte dort den Beruf des Brokers. Als wir uns begegneten, war er als selbstständiger Devisenhändler für Großkunden tätig. Er liebte seinen Beruf und es war seine Leidenschaft, „den Dollar zu bewegen". Tag und Nacht war er über Mobiltelefon für seine Kunden und die Banken erreichbar.

Nach einem Jahr Wochenendbeziehung fanden wir ein Domizil in Baden-Baden. Ich brach mein Studium ab und reiste mit ihm an viele schöne Orte. Kai konnte von überall aus arbeiten, durch ein „Dollargerät" – ein kleines Gerät, auf dem in Echtzeit die aktuellen Börsendaten angezeigt werden – war er immer über die Kurse an der Börse informiert und konnte bei Bedarf entsprechend reagieren. Wir machten Urlaub oder besuchten seine Kunden. Ich begleitete ihn immer öfter zu seinen Terminen. Während er in den Gesprächen war, unternahm ich meist mit den Frauen seiner Kunden Stadtbesichtigungen, Museumsbesuche oder ähnliches.

Wir waren sehr viel in Monaco, einem besonderen Platz, der für mich mit dem „wirklichen" Leben nichts zu tun hatte. Aber das Zusammensein mit Kai war gleichzeitig spannend und auch anstrengend, denn jede kleinste Kursbewegung an der Börse bestimmte unseren Tag, und auch manches Mal die Nächte.

Kai brachte Leichtigkeit und Unbeschwertheit in mein Leben, die Schwere der letzten Jahre fiel von mir ab. Endlich musste ich für niemanden mehr da sein, für niemanden mehr Probleme lösen – ich fühlte mich so frei, ich liebte und wurde geliebt. Kai trug mich auf Händen. Er gab mir all das, was ich nie bekommen hatte: Liebe und Gesehenwerden. Wir lebten die klassische Rollenverteilung, er verdiente das Geld, ich hielt ihm den Rücken frei, machte den Haushalt und sorgte für ein schönes Zuhause. Ich war sehr glücklich in dieser Rolle, sie erfüllte mich.

Im Jahr 2000 verlobten wir uns. Erst später wurde mir klar, dass für Kai ein Trauschein keine Bedeutung hatte – deshalb heirateten wir auch nicht. Für ihn war die gemeinsame Entscheidung, Kindern das Leben zu schenken, ein viel größeres Zeichen von Verbundenheit, mehr als ein Trauschein. Kinder verbinden zwei Menschen für immer, auch wenn diese sich trennen sollten. Finanziell gesorgt hat er für mich wie für seine „Ehefrau".

Was mir allerdings viele Jahr lang nicht klar war, das erkenne ich heute: In meiner Beziehung zu Kai lebten meine Verhaltensmuster aus der Kindheit weiter. Da ich nie gelernt hatte, eigene Bedürfnisse zu erspüren und diese auch zu artikulieren, kam diese Problematik mit der Zeit auch in der Beziehung zu Kai zum Vorschein und zum Tragen. So wie ich Jahre lang versucht hatte, meine Mutter seelisch zu erreichen, versuchte ich nun unbewusst, dieses Defizit durch ihn zu befriedigen – getreu dem alten Muster meines Mottos: „Ich muss viel tun, um geliebt zu werden." Und genau deshalb wurde ich Kai gegenüber unterwürfig und angepasst.

Heute weiß ich, dass kein Mensch der Welt die Bedürfnisse des anderen befriedigen kann und es auch nicht seine Aufgabe ist – jeder muss seine Bedürfnisse selbst erkennen und sich um deren Erfüllung bemühen. Unbewusst aber missbrauchte auch Kai mich mit der Zeit für seine Bedürfnisse. Es ging sogar so weit, dass ich im Jahr 1999 meinen Namen für ein Ladengeschäft hergab, hinter dessen Inhalt ich nie stand. Es war ein Laden in Berchtesgaden, der unter der Bezeichnung „Kunst- und Antiquitätenhandel“ firmierte – in meinem Namen wurden aber auch Kunst aus dem Dritten Reich und Militaria aus dem Zweiten Weltkrieg verkauft. Ich hatte überhaupt keine Ahnung auf diesem Gebiet, gab aber meinen Namen und mich dafür her, weil ich Kai zeigen wollte, was für eine loyale Partnerin ich bin – ich wollte eben „lieb“ sein. Das ganze Geschäft lief auf meinen Namen, der „Drahtzieher“ im Hintergrund aber war Kai. Nach einem Jahr war meine Bereitschaft zur Mitwirkung beendet, der Laden wurde geschlossen. Das Ausmaß dieser Geschäftsidee war mir nicht bewusst gewesen, und letztendlich sind durch dieses Geschäft für meinen Lebensgefährten private Kontakte zustande gekommen, die nur ihm nutzten – ich hatte nur wieder einen emotionalen Missbrauch mehr erlebt.

Ich könnte mich noch heute ohrfeigen für meine damalige Dummheit, etwas zu tun, hinter dem ich in keiner Weise stand. Ich habe lange gebraucht, mir dies zu verzeihen. Aber – und so ist es bei vielen Frauen, die keine seelische Bindung erlebt haben – sie tun alles, sie geben sich auf für Anerkennung, um gesehen und geliebt zu werden. Frauen prostituieren sich, leben an der Seite eines Süchtigen, lassen sich schlagen und demütigen in der Partnerschaft, weil es irgendwann gleichgültig geworden ist, wer sie „liebt“ – Hauptsache, es tut überhaupt jemand. Viele Menschen leben auch lieber in einer destruktiven Beziehung als in gar keiner, weil sie nicht alleine leben können. Nur wer gut alleine sein kann, kann auch gut in einer Beziehung sein.

> Sich selbst zu lieben ist der Anfang einer lebenslangen Leidenschaft.
>
> *Oscar Wilde*

14

Auch in der Partnerschaft mit Kai las ich weiterhin meine Psychologiebücher, was Kai weniger begeisterte. Das Thema war ihm fremd und fern. Mit der Zeit wurde mir meine Abhängigkeitsproblematik immer bewusster. Ich besuchte Seminare, machte mich auf den Weg meiner Persönlichkeitsentwicklung, denn ich hatte den Willen in mir, meine Beziehung zu Kai, mich und damit mein Leben zu ändern.

Die Umsetzung meiner Erkenntnisse war ein schwieriger Weg. Zum einen deshalb, weil mein Ego mich in meiner alten Struktur halten wollte, zum anderen, weil Kai unbewusst, vielleicht auch manches Mal bewusst, gegensteuerte – denn für ihn war alles gut so, wie es war. Für mich aber gab es in dieser Phase auch hin und wieder Zeiten, in denen ich traurig war oder sogar wütend, weil er mich in meiner Entwicklung nicht unterstützte.

Nach sechs Jahren Beziehung wurde im März 2002 unser Sohn Karl geboren – ein Wunschkind. Ich ging sehr in meiner Mutterrolle auf, dennoch führte ich das Fernstudium in Psychologie, das ich 2001 begonnen hatte, fort, weil es schon immer mein Wunsch gewesen war und weil ich doch die Wichtigkeit erkannte, eine abgeschlossene Ausbildung zu haben.

Mein Ziel war nach wie vor, mich aus der Abhängigkeit zu lösen und somit unsere Verbindung auf eine andere Ebene zu heben. In mir spürte ich immer wieder mal Zweifel, ob es mir gelingen würde, die Beziehung zu erhalten, oder ob sie zerbrechen würde. Aber allein schon deshalb, weil nun Karl da war, versuchte ich alles, um die Beziehung zu erhalten.

Im Jahr 2003 kamen unsere Zwillingsmädchen Anna und Lina auf die Welt und brachten unsere kleine Welt erst einmal kräftig durcheinander. Auch sie waren Wunschkinder, meine finanzielle Abhängigkeit von Kai wurde durch ihre Geburt aber erst noch einmal verstärkt. Es war für mich alleine nicht zu schaffen, die Kinder zu versorgen, und Kai musste sich auf seinen Beruf konzentrieren. Deshalb zog mein Bruder Stephan nach kurzer Zeit zu uns, um mich bei der Versorgung der Kinder zu unterstützen und um mir dadurch auch das weitere Psychologie-Studium zu ermöglichen. Aufgrund seiner Behinderung bezog Stephan Rente, sodass er Zeit hatte, sich mit mir um Karl, Anna und Lina zu kümmern. Er liebte Karl, Anna und Lina wie seine eigenen Kinder, nichts war ihm zu viel – ohne seine und auch ohne die Unterstützung meines Vaters hätte ich es in dieser Zeit nicht geschafft, alles unter einen Hut zu bringen.

So konnte ich auch an den Wochenenden verschiedene Fortbildungskurse und Seminare besuchen, denn sie nährten meine Seele und brachten mich meinem Ziel immer ein Stück näher. Mit der Geburt meiner Zwillinge wurde das Verhältnis zu meinem Bruder sehr eng, wir saßen nachts in der Küche und gaben Anna und Lina ihre Fläschchen, redeten über das, was uns in der Gegenwart beschäftigte und über vergangene Zeiten. Gemeinsam versuchten wir dann, unsere Kindheit immer weiter zu erforschen. Das wird nie mehr so sein – er fehlt mir.

Für die Versuche, mich aus meinem Abhängigkeitsverhältnis zu lösen, brauchte ich jeden Tag Mut aufs Neue, denn meine Ängste hatten mich fest im Griff. Ich fing an, mich ständig zu hinterfragen, und mein Handeln wurde mir immer bewusster. Mache ich dies oder jenes, weil ich es will, oder weil ich damit zum Beispiel Anerkennung oder Lob erreichen möchte?
Ein Abhängiger gibt nie aus freiem Herzen – er gibt, um Lob, Anerkennung und Liebe zu erhalten. Geben aus tiefstem Herzen heißt: Geben ohne Erwartung.

Ich lernte, meine Bedürfnisse zu erspüren, zu artikulieren und sie auch durchzusetzen. Versagensängste, Zweifel und Scheinsicherheiten klopften bei mir immer mal wieder an, und mein Ego wollte mich in meiner bequemen Struktur halten. Durchhaltevermögen war angesagt!

Ich wusste, dass ich meinen Selbstwert aufbauen musste, um in meine Kraft zu kommen, wusste aber damals nicht, wie dies gehen könnte. Auch für Kai waren diese Veränderungen sichtbar, sie waren ungewollt und führten zu Diskussionen zwischen uns. Und trotzdem ist ganz klar zu sagen, dass ich – wenn ich es wirklich gewollt hätte – jederzeit die Möglichkeit gehabt hätte, mich aus dieser destruktiven Beziehung zu lösen. Es gibt in einer Partnerschaft immer einen „Macher“ und einen „Lasser“. Deshalb gibt es in den meisten Fällen auch keinen Schuldigen, beide tragen ihren Teil dazu bei, dass die Partnerschaft endet oder dass sie aufrechterhalten werden kann.

Nach Kais Tod habe ich mich oft gefragt, ob ich, ob wir es geschafft hätten, unsere Beziehung auf eine neue Ebene zu stellen. Ich weiß es nicht und werde es auch nicht mehr erfahren. Was ich aber heute weiß, ist die Tatsache, dass Kai und ich beide emotional bedürftig waren, wir lebten diese Bedürftigkeit nur unterschiedlich aus. Während ich angepasst war, versuchte er durch Kontrolle über mich die Bindung zu halten. Zwei Bedürftige hatten sich gefunden, beide suchten wir auf der tiefsten Ebene die Bindung zur Mutter.

Tatsache ist auch, dass sein plötzlicher Tod mich und vor allem meine Kinder traumatisiert hat, und dass der frühe Verlust des Vaters meine Kinder geprägt hat und für ihr weiteres Leben nachhaltig prägen wird. Kinder, die ohne Vater aufwachsen, vermissen ihn ein Leben lang, es fehlt seine Anerkennung. Das hätte ich meinen Mädchen gerne erspart. Anna und Lina wünschen sich sehr einen „Papa auf der Erde – denn dann haben wir zwei". Ich spüre die Sehnsucht meiner Kinder nach einem Vater „zum Anfassen" immer wieder. Dadurch, dass ich ihren Vater in Ehren halte, wirkt auch sein Seelenanteil in die Seele meiner Kinder, wodurch ihre seelische Kraft gestärkt wird.

> Wer sich zu gut ist zu widersprechen, der zerstört die Beziehung.
>
> *Franz Ruppert*

15

Jetzt war ich 36 Jahre alt, hatte gerade meinen erstgeborenen Sohn verloren, war gleichzeitig zur Witwe geworden und mein Bruder war ebenfalls in diesem schrecklichen Moment gestorben.

Zurückgeblieben waren zwei kleine, höchst traumatisierte Mädchen und ihre nicht minder traumatisierte Mutter. Ich konnte nicht begreifen, was geschehen war, ich wurde nicht fertig mit meinen Gefühlen für den, der den Unfall verursacht hatte, und ich verstand nicht, warum ich von den Menschen, von denen ich Unterstützung erhofft hatte, zusätzlich noch so tief verletzt worden war. Und in dieser Situation waren auch die tiefen Wunden und Seelenqualen aus meiner Kindheit und Jugend, die oberflächlich verheilt schienen, wieder blutig aufgebrochen.

Seit diesem 13. August 2005 war mein Leben für mich vorbei. Es war sinnlos geworden. Ich dachte, dass ich nie mehr würde lachen können. Tote können auch nicht mehr lachen, und ich war lebendig tot!

In jenen Tagen hatte es unweigerlich auch einen Moment gegeben, in dem ich mich gefragt habe, ob ich weiterleben soll. Ich habe diesen Gedanken nie wirklich zu Ende gedacht, weil ich meine Mädchen nicht zu Vollwaisen machen wollte. Auch meinem Vater hätte ich das nicht antun können. Er hatte schon sehr viel Schmerz in seinem Leben ertragen müssen. Meine Liebe zu ihnen war doch größer als der Drang zu sterben. Gott sei Dank.

Ja, Anna, Lina und ich, wir hatten überlebt – aber das war mir nicht genug.

Ich musste unbedingt Heilung für uns, für unser Leben und für unsere Seelen finden, aber wo sollte ich anfangen? Wo suchen? Wo Hilfe erbitten und Rat, dem ich vertrauen konnte?

Also machte ich mich nach dem Tod meiner Familie auf die Reise in das Leben danach, noch nicht wissend, dass das Ende des gemeinsamen Lebensweges mit Kai, Karl und Stephan mein Anfang werden würde. Ein Leben, in dem ich mich erkennen würde, wartete auf mich.

Heute bin sehr glücklich und ich liebe das Leben.

> Gott aber will, dass wir uns wiederfinden.
>
> *Rainer Maria Rilke*

Heile dein Leben

Kurze Zeit nach der Taufe von Lina und Anna sprach mich ein Bekannter aus Baden-Baden an und fragte mich, wie ich nach dem Unfalltod meiner Familie noch meine Kinder hatte taufen lassen können, wie ich überhaupt noch ein Gotteshaus betreten könnte. Doch mit diesem Thema war ich schon lange im Reinen – ja, ich hatte mit Gott gehadert, war zornig mit ihm, hatte gebettelt, geweint, schon wenige Tage nach dem Unfall gebetet und in der Folge bis heute immer wieder mit ihm geredet. Und ich spürte allmählich und dann jeden Tag immer deutlicher und aufs Neue seine Kraft, die er mir schenkte. Mir ist in den Jahren nach dem Unfall auch viel Gutes widerfahren, dafür bin ich ihm sehr dankbar. Den Tod meiner Familie sah ich nie als „Strafe Gottes", für mich gibt es keinen strafenden Gott. Ich hatte mich mit Gott schon lange davor versöhnt.

So machte ich mich mit Gottes Hilfe – und das meine ich tatsächlich so – nach dem Tod meiner Familie auf die Reise in das Leben danach. Es waren zwei Wege, die ich in Angriff nahm, und wenn diese beiden Wege für manchen auch in entgegengesetzte Richtungen zu verlaufen scheinen – für mich führen diese beiden Wege parallel zueinander zur Heilung. Einerseits besann ich mich auf Daten, Fakten, statistische Untersuchungen und wissenschaftlich fundierte Folgerungen zum Thema Psychologie, dem ja schon lange mein großes Interesse gegolten hatte. Mit dem 2001 begonnenen Fernstudium war mir dabei glücklicherweise bereits eine gute Grundlage gegeben. Andererseits öffnete ich meine Gedanken, mein Herz und meine Seele für Themenbereiche, die kaum mit den üblichen Methoden der Wissenschaft zu ergründen sind. Ich war auch hier bereit zu lernen, mich ausbilden zu lassen und ganz konkrete Erfahrungen zu sammeln. Ich war und bin bis heute eine Suchende.

Der Weg meiner Heilung begann mit Weinen, Beten, Lesen, Schreiben, Reden – und mit großer Trauer, die ganz am Anfang meines Weges stand. Diese Zeilen sollen und können keine Anleitung für richtiges oder falsches Trauern sein. Es gibt kein richtig und falsch. Trauer heilt nur durch trauern, es gibt keinen Weg an ihr vorbei, sondern nur durch sie hindurch. Und es braucht Zeit. Es gibt viele Wege zu trauern und durch die Trauer hindurchzugehen – wichtig ist nur, dass man einen Weg findet, damit das Unheilbare, das Unfassbare langfristig nicht im Mittelpunkt des Lebens steht. Dass man es schafft, die Kehrseite der Trauer zu leben: die Demut und die Dankbarkeit.

Durch den Tod meiner Familie, insbesondere durch den Tod von Karl, wurde ich ohne Vorwarnung und Vorbereitung brutal zu Boden geworfen, innerlich aufgerissen, ohnmächtig, hilflos gegenüber dem, was das Schicksal mir auferlegt hatte. Ich habe den Tod von Kai und Stephan sehr betrauert, dennoch ist der Tod meines Sohnes meine schlimmste und tiefste Verletzung, die ich je erfahren habe. Ich habe viele Jahre die Wege der Heilung beschritten und kann behaupten, dass ich mich von dem Tod meiner Familie so gut geheilt habe, dass ich heute mit voller Liebe, Freude und Dankbarkeit mein Leben lebe. Und dennoch ist mir auch bewusst geworden, dass insbesondere der Tod von Karl immer meine tiefste Verletzung bleiben wird und dass ich diese NICHT heilen kann Das, was passiert ist, gehört zu meinem Körper, zu meiner Seele und zu meinem Leben. Der Schmerz ist in mir und darf auch seinen Platz haben – aber ich durfte erfahren, dass er sich im Laufe der Zeit verändert hat. Wenn ich heute an meine Familie denke, dann tut es nicht mehr so weh – ich bin heute dankbar dafür, dass ich ihnen überhaupt begegnen durfte.

An meiner Situation erfuhr ich auch, was für ein großes Tabuthema der Tod in unserer Gesellschaft ist. Ich hatte so viele Fragen, die mich quälten. Was passiert überhaupt beim Sterben? Was hat meine Familie von dem schrecklichen Unfall mitbekommen? Gibt es ein Leben nach dem Tod? Leiden ihre Seelen? Wie kann ich meine unsagbare Trauer durchleben und gestärkt weiterleben? Getrieben von diesen und noch vielen anderen Fragen verschlang ich Bücher und machte die Nacht zum Tag. Ich stieß auf Rainer Maria Rilke, Gotthold Ephraim Lessing und Johann Wolfgang von Goethe, Elisabeth Kübler-Ross, Osho und andere – sie alle begleiteten mich durch viele Nächte. Sie sprechen von der Unsterblichkeit der Seele, der Wiedergeburt, von einem Tod, der nur ein Teil einer Entwicklung ist, der im Jenseits die Geburt bedeutet.

Bei diesen weisen Frauen und Männern, deren Schriften und Werke ich aufmerksam gelesen habe, habe ich viele Antworten auf meine Fragen gefunden, das hat sicherlich viel zu meinem Seelenfrieden beigetragen. Für mich war es zum Beispiel wichtig, herauszufinden, ob der Mensch Schmerzen beim Sterben hat. Ich stellte mir immer wieder das Verbrennen meiner Familie in diesem Unfallauto vor. Die Vorstellung, dass sie bei vollem Bewusstsein verbrannten, quälte mich lange. Die Obduktionen ergaben, dass sie alle nach dem Aufprall noch lebten, aber bewusstlos waren. Mein Sohn hätte überlebt, wenn das Auto kein Feuer gefangen hätte. Mein Lebensgefährte und mein Bruder waren schwer verletzt. Im Nachhinein ist es wohl ein Segen, dass sie nach Hause zu Gott gehen durften.

Zu dem Zeitpunkt des Unfalls hatte ich mein Fernstudium noch nicht beendet. Mir war klar, wie wichtig es sein würde, dieses Studium abzuschließen, um eine Ausbildung zu haben, denn ich war von nun an alleine verantwortlich für meine

Kinder. Da ich das Studium nur mit einer Diplomarbeit abschließen konnte, entschied ich mich, diese über den Tod zu schreiben: Sterbephasen, Trauerphasen, Suizid, Totgeburt und viele andere Themen mehr – einfach alles, was dazugehört. Zum einen musste ich mir ein Thema aussuchen, zum anderen sah ich die Chance, einen Teil meiner Trauerarbeit zu leisten. Dadurch, dass ich mich intensiv mit dem Thema befasste, dadurch, dass ich sehr viel las und darüber schrieb, sollte ich meinen Weg durch die Trauer gehen.

Ich las, weinte und schrieb gleichzeitig. Daneben betete ich immer wieder und bat Gott um seine Hilfe, um seine Unterstützung, um nicht an meinem unbeschreiblichen Schmerz zu zerbrechen. Hinzu kam, dass ich mich schon in meiner Jugend nach dem Sinn des Lebens gefragt hatte und deshalb bereits einige Vorkenntnisse besaß. Die Auseinandersetzung mit spirituellen Ansichten half mir damals wie heute sehr und führte mich jetzt an die wesentlichen Fragen des Daseins.

Was ist der Sinn des Lebens?

Was passiert beim Sterben?

Gibt es Gott, wenn er den Tod junger Menschen zulässt?

Ist nach dem Tod alles zu Ende?

Heute bin ich überzeugt, dass ein Leben, das nur wenige Minuten dauert, nicht weniger bedeutsam ist als ein Leben, das über eine lange Zeitspanne geht. Es kommt darauf an, welche Aufgabe die Seele zu erfüllen hat.

Nachdem ich meine Diplomarbeit mit dem Titel „Der Tod" eingereicht hatte und das Studium damit erfolgreich abschließen konnte, machte ich mich weiter auf die Suche nach Wegen der Heilung für mich und vor allem für meine beiden Mädchen. Anna mit ihrer Trauer konnte ich erreichen, konnte trösten und Unterstützung geben. Linas andauernde Schreianfälle aber warfen mich mit voller Wucht in eine Hilflosigkeit und Ohnmacht dem Kind gegenüber.

Ich musste aber weitergehen auf meinem Weg durch die Trauer und besuchte verschiedene Kurse und Seminare über Trauerberatung und Trauerbegleitung und nahm auch teil an einem Seminar für spirituelle Sterbe- und Trauerbegleitung. Dieses Seminar wurde von einem wunderbaren Ehepaar sehr liebevoll geleitet. Dort hörte ich auch zum ersten Mal von Osho, der zu diesem Zeitpunkt bereits verstorben war. Was ich damals nicht wusste, war die Tatsache, dass Osho sich in früheren Zeiten Bhagwan nannte. Ich hatte damals keinen Zugang zu den Thesen von Bhagwan. Bis heute habe ich mich mit seiner damaligen „Philosophie" nicht beschäftigt, vielmehr habe ich mir von jedem Seminar und jeder Weiterbildung immer die Erkenntnisse „herausgepickt", die für mich schlüssig waren, mit denen meine Sichtweise in Resonanz gegangen ist. Mich berührte die Aussage.

Mich berührte die Aussage, dass wir den Menschen, der gestorben ist, ehren, indem wir überleben. Wir ehren den Menschen, der gestorben ist, indem wir dem Rest unseres Lebens mehr Bedeutung geben. Mich hat diese Sichtweise motiviert, immer weiterzugehen, weiter zu suchen nach dieser einen Bedeutung. Ich war schon damals auf dem besten Weg, sie zu finden – ich wusste es nur noch nicht.

So bleibt mein Sohn ein Lebensgeschenk und mein Lebensbegleiter. Er hat Spuren hinterlassen, die mein Leben jeden Tag aufs Neue berühren und bereichern und somit auch das

Leben der anderen. Unsere Beziehung ist nicht verloren, sondern sie hat sich verändert. Die Liebe bleibt. Er ist ein Teil von mir, und so lange ich lebe, wird er das auch immer sein – nicht mehr wie damals, denn ich bin ja auch ich nicht mehr die, die ich einmal war.

Aber ich habe mich wieder gefunden.

> Wachstum beginnt dort, wo wir akzeptieren,
> statt zu kämpfen.
>
> *Osho*

17

Der Tod hat mir gezeigt, wie ohnmächtig und hilflos wir dem Leben gegenüber sind. Mir wurde klar, dass mir das Leben nicht folgt, sondern dass ich ihm folgen muss, mit allem, was es mir auferlegt. Die Tiefe des Lebens und des Todes kennenzulernen, das ist meines Erachtens der Sinn des Lebens.

Der Tod hat mir sichtbar gemacht, was wirklich wichtig ist im Leben. Wir streben nach materiellen Gütern, von denen wir unser ganzes Leben glauben, sie besitzen zu müssen, und vergessen in dieser Zeit vielleicht das Wichtigste – nämlich wir selbst zu sein, unser wahres ICH zu leben. Unsere Identität.

Der Tod meines Kindes führte auch mich ein Stück in den Tod. Als ich erfuhr, dass mein Kind tot ist, ist auch ein Teil von mir gestorben. Durch die Berührung mit seinem Tod wurde mir erst richtig bewusst, was für einen unbedeutenden, vorübergehenden Wert materielle Dinge haben. Die Erfahrung mit dem Tod hat mein Verlangen nach Bedürfnissen verändert. Ich hatte früher ein großes Verlangen nach materiellen Dingen: teure Markenkleider, ein schönes Auto, ein großes Haus und, und, und... – das alles, um meine innere Leere zu kompensieren, wie ich heute weiß. Meine innere Kleinheit, meine innere Armut sollte durch äußeren Glanz kompensiert werden.

Das Verlangen nach etwas spornt uns Menschen an. Das ist das Gute am „Verlangen", aber es kann uns auch ein Leben führen lassen, das nicht wirklich zu uns gehört. Mein Verlangen nach einem beschützten Leben hat dazu geführt, dass ich nie mein wahres ICH gelebt habe.

Das einzige Verlangen, was ich heute noch habe, ist, ich selbst zu sein. Das Leben zu führen, das mir gehört, und meiner Neugier auf das Leben zu folgen, meine Neugier auf das, was es für mich noch bereithält. Heute kann ich über manches Verlangen, das ich früher einmal hatte, nur noch schmunzeln.

Mit größeren und kleineren Verlusten werden wir unser ganzes Leben auf den Tod vorbereitet. Den ersten Verlust erleben wir schon bei unserer Geburt – wir müssen den Mutterleib verlassen, später die nährende Mutterbrust. Freundschaften, Liebespartner, materielle Dinge, einen Teil unserer Gesundheit. All diese Verluste bereiten uns auf den Moment vor, an dem wir eines Tages unseren Köper verlassen. Ich verstand, dass ich diesen Verlust als einen Weg zu höherer Weisheit nutzen kann.

Jeden Tag habe ich die Wahl, das Leben so, wie es ist, widerwillig oder glücklich zu akzeptieren: „Es ist, wie es ist." Was immer geschieht, es geschieht. Wenn wir den Tatsachen so ins Auge sehen, wie sie sind, sind wir im Gleichgewicht. Wir können niemals gegen die Realität gewinnen, sondern nur in der Hingabe an die Wirklichkeit.

So schmerzhaft das alles war und auch heute noch zeitweise ist, ich habe viel über das Leben gelernt. Ich stehe ihm heute demütig gegenüber und bin mit Dankbarkeit erfüllt.

Das ist meine Liebeserklärung an mein Leben.

Vielleicht findet der eine oder andere keine Antworten oder nur wenige Erkenntnisse beim Lesen von Büchern über den Tod, über Nahtoderfahrungen usw. Das ist völlig in Ordnung, denn es werden den Menschen nur die Ansichten tragen, die sein Herz tatsächlich berühren. Aber alleine schon der Weg auf der Suche nach Antworten bringt mit Religionen und Glaubensrichtungen in Kontakt, die die Sichtweise auf das Leben verändern können. Wen erst einmal nur ein Gedanke, ein Wort berührt, der wird dann von diesem wieder ein Stück weitergetragen. Gehen wir also immer weiter, im Gehen werden wir unseren Weg finden.

Die Trauer in uns weicht in dem Moment, in dem wir unser Verlangen, den verstorbenen Menschen wieder in seiner physischen Form haben zu wollen, aufgeben. Letzten Endes betrauern wir Hinterbliebenen uns selbst, weil wir uns alleingelassen fühlen, weil wir mit diesem Menschen viele Dinge nicht mehr erleben können, weil unsere Träume und unsere Zukunft mit diesem Menschen zerplatzt sind. Wenn wir erkennen, dass die Seele entscheidet, wann sie inkarniert, das heißt, wann sie in das Leben auf der Erde treten möchte, und dass die Seele auch entscheidet, wann sie wieder geht, dann können wir den Tod leichter annehmen. Die Seele hat dann ihre Aufgabe erfüllt, auch wenn es nur ein kurzes Erdenleben war.

Diese Einsicht trägt mich bis heute.

Meine Familie hat ihre Seelenaufgabe erfüllt, deshalb durfte sie gehen. Überleben sollen und müssen wir für die Menschen, die wir lieben und die uns brauchen. Damit ehren wir denjenigen, der von uns gegangen ist, und durch das eigene Leid sind wir berührbarer für das Leid anderer geworden. Das ist die Menschlichkeit, die uns hier auf der Welt verloren geht. Deshalb braucht die Welt die Menschen, die sie noch hat. Letzten Endes ist es das, worum es in der Frage um Leben, Tod und Übergang geht: Das Leben anderer zu berühren und damit auch sein eigenes zu bereichern (aus: „Jedes Ende ist ein strahlender Beginn“ von Elisabeth Kübler-Ross).

> Die Tiefe des Lebens und des Todes
> kennenzulernen, ist meines Erachtens der Sinn
> des Lebens.
>
> *Osho*

Wir brauchen dringend „Erste Hilfe“ nach dem Tod eines geliebten Menschen, denn die Trauer scheint uns unwillkürlich zu überwältigen. Das Wort „Trauer“ wird aus dem althochdeutschen Wort „Trure“ abgeleitet, was soviel heißt wie „die Augen niederschlagen“. In dieser Phase des Lebens sind wir dem Leben abhanden gekommen, alles was einmal Bedeutung hatte, verliert an Wichtigkeit. Die Trauer bezeichnet einen emotionalen Zustand, die Seele versucht das Geschehene zu verarbciten. Es ist wichtig zu verstehen, dass die Trauer vielleicht eine lange Zeit dauert, aber sie verändert sich. Nach dem Tod eines geliebten Menschen kehren wir nicht in das Leben zurück, das wir lebten, vielmehr ist es eine Zeit der Erneuerung, ein Loslassen, ein Abschiednehmen – ein neues Leben wartet auf uns, denn wir sind nun auch nicht mehr die, die wir einmal waren. Die Trauer ist auch eine Chance, sich neu zu orientieren. Nach großer Trauer kann durchaus ein erfülltes, neues Leben entstehen. Die Trauer sollte nicht unterdrückt werden, denn durch sie werden wir wieder geheilt. Der Schmerz über den Verlust eines Menschen wird immer in uns sein. Wenn wir es schaffen, uns an den Verlust erinnern zu können, ohne wieder in den Schmerz und in die Verzweiflung gerissen zu werden, dann haben wir einen wichtigen Schritt für unser „neues" Leben erreicht. Die Schutzschichten um unser Herz beginnen mit der Zeit zu fallen, die Energie für den Widerstand gegen das, was ist, kann dann zur Verfügung stehen für die Reise in unser „neues" Leben. Eine gute Trauerverarbeitung macht das Herz für neue Bindungen frei.

Verlust tritt nicht nur in Verbindung mit dem Tod auf, sondern zum Beispiel auch in Verbindung mit Scheidung, dem Verlust vom Arbeitsplatz, oder wenn wir von Freunden verlassen werden. Leid gehört zum Leben dazu und führt uns mehr und mehr zu uns selbst. Leid bedeutet nicht nur Schmerz sondern auch Entwicklung. Osho schreibt: „Nur wer durch die Finsternis geht, kommt zum Licht."

Trauernde Menschen sind dem Leben erst einmal abgewandt. Sie nehmen an dem Leben um sich herum nicht teil, sie sind vielmehr sprachlos darüber, dass im Außen alles seinem Rhythmus folgt, wo doch für sie die Welt stehen geblieben ist. Ich wollte am Tag nach dem Unfall am liebsten durch die

Stadt laufen und schreien „ Ihr könnt doch nicht einfach alle so weitermachen!"

Trauern braucht Zeit und kostet Energie. Wir müssen atmen, essen (was ich aber auch nicht wirklich konnte), trauern und schlafen. Schlaf ist Selbstheilung. Es ist gut, sich auch Zeit zu nehmen und in die Natur zu gehen. Viele Trauernde erzählten mir von heilsamen Spaziergängen. Nirgendwo sieht man den Rhythmus des Lebens so deutlich. In der ersten Zeit geht es nicht darum, das Leben zu leben, es geht nur darum, dass wir schaffen, zu überleben. Von Atemzug zu Atemzug, von Augenblick zu Augenblick. In meiner Arbeit als Trauerbegleiterin habe ich oft die Erfahrung gemacht, dass trauernde Menschen mit sich sehr ungeduldig sind. Sie denken oft, dass das "mit der Trauer" doch viel schneller vorbei sein müsste. Aber es ist wichtig, sich Zeit zu nehmen für die Trauerarbeit. Je intensiver wir trauern, desto schneller werden wir geheilt.

Immer wieder bekomme ich die Frage gestellt: „Wie trauert man richtig?".

Es gibt kein „ richtiges oder falsches" Trauern. Wichtig ist, dass wir trauern, das heißt, dass wir uns immer wieder ganz in den Schmerz hineinbegeben und ihn nicht verdrängen, nicht „wegtrösten". Und vor allem darf die Trauer nicht weggedrückt werden mit Alkohol, Drogen, Fernsehen oder jeder anderen Form der Ablenkung – irgendwann kommt er zurück wie eine Welle. Die langandauernde Einnahme von Psychopharmaka, besonders von Antidepressiva, verhindert die Auseinandersetzung mit dem (traumatischen) Verlust und verhindert die Auflösung der depressiven Gefühle, die letztendlich unter anderem den Nährboden für Depressionen und Süchte liefern können. Unverarbeitete Trauer löst sich nicht einfach auf, sondern wird wie ein Rucksack mitgeschleppt und kann jederzeit zum Ausbruch kommen. Es wird immer wieder Phasen geben, in denen der Schmerz über den Verlust des geliebten Menschen in uns aufsteigt, wir lernen aber mit der Zeit, damit gut umzugehen.

Trauerarbeit ist notwendig, um im Leben weitergehen zu können.

Wir sollten uns nicht scheuen, Freunde um Hilfe zu bitten, wenn es darum geht, Besorgungen zu machen oder mitzuhelfen, dass die Kinder versorgt sind. Aus eigener Erfahrung weiß ich, dass ich zum Beispiel nicht in der Lage war, mit meinen Kindern Spiele zu spielen. Meine Gedanken waren überall, nur nicht bei meinen Kindern. Das führt dann oft zu einem schlechten Gewissen, wie mir auch einmal eine trauernde Mutter erzählte. Sie fühlte sich schlecht, weil sie ihrem lebenden Kind keine Aufmerksamkeit schenken konnte. Das ist am Anfang völlig normal, deshalb ist es wichtig, dass wir Freunde um Unterstützung bitten. Wir brauchen nicht alles alleine zu machen.

Eine weitere Möglichkeit, die Zeit der Trauer durchzustehen, sind Rituale. Sie vermitteln Halt und Orientierung und vereinfachen die Lebenssituation eines Menschen, indem sie krisenhafte Ereignisse in routinierte Abläufe überführen. Dadurch können wir Menschen mit unseren chaotischen Gefühlen besser umgehen. Besonders für Kinder sind Rituale in solchen Zeiten sehr hilfreich, sie bieten erst einmal Schutz und Geborgenheit.

Ich werde an dieser Stelle einige Rituale aufzeigen, dennoch sollten diese Rituale nicht einfach übernommen werden, sondern jeder kann für sich eigene Rituale entdecken. Die Themen sind unterschiedlich und entstehen im „Tun". Im

Gestalten liegt die Kraft und der Beginn der Heilung unseres individuellen Weges zurück ins Leben.

Kerzen und Licht sind wichtige Symbole für Ritualabläufe. Licht steht für das Licht in uns und für die Verbindung zu den Verstorbenen. „Du bist ein Licht für mich und ich möchte ein Licht für Dich sein!" So sieht es Uwe Sanneck.

Eine dieser Möglichkeiten ist ein Ritual, von dem ich selbst nicht wusste, dass es das gibt, von dem ich aber selber sehr gerne Gebrauch gemacht hätte. Man kann den Sarg oder die Urne des Verstorbenen bemalen. Eine Nachfrage bei den Bestattungsinstituten lohnt sich, mittlerweile bieten viele diese Möglichkeit an. Ich hätte gerne aus Karls kalter, weißer Urne eine Kinderurne gestaltet – mit Schmetterlingen, Regenbogen und einem Herz, durch das wir immer verbunden sein werden. Gerade Kinder, die sich von einem Elternteil oder einem Geschwister verabschieden müssen, finden damit eine sehr gute Möglichkeit, sich mit dem Tod auseinanderzusetzen. Das gemeinsame Bemalen schafft eine Verbundenheit miteinander und ist schon der erste Schritt in Richtung Heilung.

> Wir sterben viele Tode, solange wir leben, der letzte ist nicht der bitterste.
>
> *Karl-Heinrich Waggerl*

19

Ich war einmal auf einer Ausstellung von Bildern, die Frauen gemalt hatten. Es war keine gewöhnlich Ausstellung, sondern es waren Bilder, die entstanden sind, weil diese Frauen einen Weg, eine Möglichkeit suchten, um ihren Schmerz zu verarbeiten – denn auch ihre Kinder starben. Es waren Bilder, die Traurigkeit zeigten, aber auch Hoffnungsbilder fanden sich dort.

Wie soll mein Leben in einem Jahr aussehen?

Hoffnungsbilder sind wichtig, weil der Mensch sonst der Sinnlosigkeit anheimfällt. Auch das ist eine Möglichkeit von Trauerverarbeitung: Das Malen wird oft bei trauernden Kindern eingesetzt. Formen und Farben lassen einiges auf das Innere, den Seelenzustand schließen.

Musik kann in der Trauer ebenfalls ein sehr hilfreiches Mittel sein, um sich zu nähren, um mit sich selber gut in Kontakt zu sein. Ich selbst habe viel Musik gehört, meistens Meditationsmusik, weil mich die Töne und Klänge beruhigten. Als es mir besser ging, bin ich auch mal zum Tanzen gegangen. Ich tanze sehr gerne, und auch dies ist eine Möglichkeit, um seine Emotionen ausleben zu können. Ich weiß noch heute, wie ich damals ernste Blicke von einigen Menschen aushalten musste. Ihr Blick verriet ihre Gedanken: „Wie kann sie nur tanzen gehen?" Mir aber tat es in diesem Moment gut, es nährte mich für die so schlimmen Augenblicke, von denen ich wusste, dass sie wieder kommen würden.

Es hat keiner ein Recht dazu, darüber zu urteilen, wie man sich in Trauerphasen zu verhalten hat. Selbst wenn es Momente gibt, in denen es einem besser geht und man sogar lachen kann, so gibt es auch wieder Momente, an denen man am Boden liegt. Es sind die Momente, die dann die anderen meist nicht sehen und nicht miterleben. Ich kann nur jeden Menschen, der sich in Trauer befindet, dazu ermutigen, schöne Augenblicke anzunehmen. Sie sind es, die uns nähren und weitertragen, uns am Leben erhalten.

Für mich war auch die Kommunikation mit meinen Freunden sehr wichtig. Im Erzählen liegt eine heilende Kraft, wir fassen so immer wieder das Unfassbare in Worte. Ich redete mit meinen Freundinnen oft stundenlang.

Ich habe mich auch mit Müttern getroffen, die ebenfalls ihr Kind zu Grabe tragen mussten. Es tröstet zu sehen, dass es anderen auch passiert. Es tröstet zu sehen, dass sie alle wieder zurück in das Leben gefunden haben. Wenn niemand zum Reden da ist, dann bieten Trauercafés oder auch Trauergruppen, die meist von Kirchen, Hospizen oder Selbsthilfegruppen angeboten werden, eine Möglichkeit dazu. Geleitet werden diese Gruppen von haupt- und ehrenamtlichen Mitarbeitern, die auch selbst für Gespräche offen sind. Während Trauercafés offene Gruppen sind, in denen sich Trauernde bei Kaffee und Kuchen zwanglos austauschen können, sind Trauergruppen geschlossene und geleitete Gesprächskreise, in denen mit bestimmten Themen gearbeitet wird.

Zu Beginn eines Trauerfalles empfehle ich, zunächst nur Einzelgespräche zu führen, da wir die Geschichten und Erlebnisse anderer am Anfang nicht hören wollen oder können. Es kann sich auch nicht jeder in einer Gruppe öffnen, denn wir sind zu Beginn emotional offengelegt und extrem verletzbar – das erfordert von anderen Trauernden und dem Leiter der Gruppe großes Einfühlungsvermögen.

Es ist in der Trauerphase sehr ratsam, Zeit mit Menschen zu verbringen, die Kraft geben, die die Tränen aushalten können, denen man hundert Mal das Gleiche erzählen, und mit denen man nach Antworten, nach dem Warum suchen kann. Niemand sollte sich in dieser Situation „aus Anstand" in Gesellschaft von Menschen begeben, die ihn Kraft kosten – wir brauchen die Kraft zum Überleben.

Mit dem Tod eines Menschen stirbt auch ein Teil in uns, es braucht Zeit, bis wir uns in dieser „ neuen" Welt zurechtfinden werden. Seit dem Tod meiner Familie denke und fühle ich anders. Das ist neu für einen selbst, aber auch neu für das gesamte Umfeld.

Den Tod eines Menschen zu verarbeiten, braucht Zeit. Niemand soll sich vorschreiben lassen, wie lange sie oder er trauern darf. Entwickeln wir Mitgefühl und Geduld für uns selbst! Und immer wieder sollte man sich ausruhen vom Trauern, denn trauern kostet Kraft, verbraucht Energie. Die Menschen, die meinen, den Ratschlag geben zu müssen, dass nach einem Jahr Trauer spätestens Ende der Trauer sein muss, sagen das meist, weil sie ihren eigenen Schmerz, ihre eigene Traurigkeit beim Anblick des Trauernden nicht aushalten können. Sie kommen mit dem eigenen unverarbeiteten Schmerz in Verbindung – und das tut weh. Deshalb sollen nach deren Meinung auch Trauernde so schnell wie möglich wieder „normal" werden.

Trauerarbeit ist Erinnerungsarbeit. Wir geben den Erinnerungen einen Platz, indem wir zum Beispiel Fotos in ein Album kleben oder eine große Fotokollage mit Bildern von den schönsten Momenten gestalten und sie an einem dafür bestimmten Platz aufhängen, vielleicht an einem selbst gestalteten Erinnerungsplatz in der Wohnung. Das alles trägt den Trauernden in der ersten Zeit.

Eine weitere Möglichkeit, Trauerarbeit zu leisten, ist das Schreiben, etwa in Form eines Trauertagebuchs. Es kommt nicht darauf an, wie der Schreibstil oder die Schrift ist, es kommt darauf an, kostbare Momente, Gedanken, Gefühle zu beschreiben. Auch die negativen Gefühle gehören da hinein. Ich hatte oft Wut, dass mich meine Familie hier so zurückgelassen hat, ich fühlte mich im Stich gelassen. Auch diese Gefühle dürfen sein. Auch das, was nicht als schön in Erinnerung geblieben ist im Zusammenhang mit dem verstorbenen Menschen. Es war nicht alles schön und toll.

Ich selbst hatte nach dem Tod meiner Familie eine unbeschreibliche Wut „auf Gott und die Welt": Auf Gott, das Schicksal, den Unfallverursacher, auf die Justiz und auf das Leben, das um mich herum einfach weiterging. Wie war das möglich? Ich fühlte mich verraten, fühlte mich mit Gewalt verletzt.

Was gibt es für konstruktive Wege, unserer Wut, unserem Ärger Ausdruck zu verleihen? Es gibt genügend Plätze, um unseren Schmerz ins Universum zu brüllen. Mein Weg führte mich in den Wald, aber auch das Meer eignet sich - beide hören zu. Schreien wir, brüllen wir den Schmerz nach außen. Nehmen wir uns ein Kissen und schlagen wir drauf oder werfen wir es immer wieder an die Wand, bis es uns leichter ist. Oder ein Handtuch auswringen, altes Geschirr zerschlagen - auch das hilft. Ich habe mir in einem Ayurveda-Zentrum regelmäßig Massagen geben lassen, so konnte auch ein Teil meiner Spannung aus meinem Körper weichen. Nach einem Wutausbruch kommt meist die Stille, denn wir sind erschöpft.

In der Phase der Trauer brauchen wir auch Momente der Stille, der Einsamkeit. Nur wenn wir alleine sind, sind wir eins mit allem. Je stiller wir in uns sind, umso tiefer kann das Neue in uns eingehen, desto offener sind wir dafür. Antworten kommen aus der Stille. Es geht darum, die Wahrheit des eigenen Lebens kennenzulernen, dabei kann kein Außenstehender helfen.

Ich kann nur ermutigen, sich auch dem Alleinsein hinzugeben. Ich war sehr viel alleine und es war heilsam. Im Alleinsein konnte ich meinem Inneren viel besser zuhören.

In seinem Schmerz fragt man sich immer wieder nach dem Sinn – so wie ich auch. WARUM? Diese Frage nach dem Sinn, die Abwesenheit von Sinn, treibt uns immer wieder um. In tiefem Schmerz können wir erst einmal keinerlei Sinn erkennen. Aber machen wir uns bewusst, dass das Leben Sinn hatte und es wieder Sinn haben wird. Durch Tod entsteht ein Neuanfang und Veränderung. Das, was auf uns wartet, ist anders, aber nicht gezwungenermaßen schlechter. All das macht Sinn.

Männern trauern anders: In meiner Arbeit als Trauerbegleiterin stelle ich immer wieder fest, dass Männer anders trauern als Frauen. Nach einem Verlust stürzen sie sich vermehrt in ihre Arbeit oder auch in neue Beziehungen. Manche Männer „trösten“ sich auch durch übermäßigen Alkoholkonsum. Es gibt kein richtig und falsch in der Trauer, aber es gibt unterschiedliche Herangehensweisen, die in der Partnerschaft akzeptiert werden sollten. Bei Eltern, die in der Trauer um das Kind waren, stellte sich diese unterschiedliche „Trauerverarbeitung“ oftmals als Problem in der Partnerschaft dar. Männer fürchten meist einen Gesichtsverlust, nach dem Motto „Jungen weinen nicht“. In Beziehungen übernehmen sie dann meist den beschützenden Teil.

Während Frauen in der Regel über ihre Gefühle und Ängste sprechen, sind Männer eher still und zurückgezogen und versinken in der Arbeit oder gehen mit Kumpels weg. In meiner Arbeit als Trauerbegleiterin ist aber auch in den Gesprächen mit den Männern immer sichtbar geworden, dass sie bewusst keine Trauer zeigen, um zum Beispiel die Ehefrau durch die Zeit der Trauer zu tragen: Ich bin stark, ich trage dich. Wenn dann die Partnerin nach einiger Zeit wieder „auf den Beinen" steht, fällt der Mann in seine Trauer, weil er sie jetzt leben kann.

„Normalerweise" geht man auf den Friedhof, um dem Gegangenen nahe zu sein. Aus Erzählungen weiß ich, dass Väter zum Beispiel auch auf die Gokartbahn gehen, um dem Sohn nahe zu sein, der dort tödlich verunglückt ist. Neben dem Friedhof gibt es auch andere Lebensquellen der Erinnerung, die tragen.

Wir müssen jedem seine eigene Form der Trauerverarbeitung zugestehen – ohne zu bewerten. Reden wir miteinander, fragen wir nach, was der andere braucht, was gut tut. Wie können wir uns in dieser Zeit der Trauer gegenseitig beistehen?

Sollte man irgendwann einmal in der Situation sein – und sie wird kommen –, dass man mit der Trauer eines anderen Menschen konfrontiert wird, dann sollten wir Gesprächsbereitschaft zeigen. Das Beste, was jeder tun kann, ist: da sein, zuhören – nicht trösten und keine Ratschläge.

Nach dem Unfall begegnete ich einer Frau in der Stadt, die ich privat nicht sehr gut kannte – wir kannten uns eben aus dem Stadtbild. Diese Dame leitet zusammen mit ihrem Mann ein Restaurant in Baden-Baden, meine Familie und ich waren dort öfters essen. Wir begegneten uns durch Zufall, sie sagte nichts, sondern ging auf mich zu und hielt mich „nur" im Arm – das war das Beste, was sie für mich tun konnte. Die Umarmung tat mir besser als jedes gesprochene Wort.

> Wohl denen, die Tränen haben.
>
> *Johann Wolfgang von Goethe*

20

Am Tod meiner Familie habe ich gesehen, dass es eine Frage der Zeit ist, wann Kinder nach dem Sterben, dem Tod fragen. Anna und Lina waren zwei Jahre alt, als der Tod an unsere Tür klopfte. Sie haben erst einmal nur gespürt, wahrgenommen und dann, als sie sprechen konnten – im Alter von drei Jahren –, sagten sie das, was sie ein Jahr zuvor gehört hatten.

Nach dem Unfall versuchten viele Menschen, mich mit der Aussage zu beruhigen, dass meine Kinder noch zu klein seien, um das Ausmaß der Tragödie zu erkennen. Es ist richtig, dass Kinder in diesem Alter nicht wissen, was der Tod bedeutet, aber sie nehmen die chaotischen Gefühle der Umgebung auf – das verunsichert sie, das macht erst einmal Angst. Kinder und auch schon der Embryo im Mutterleib werden durch den Tod eines Elternteiles oder eines Geschwisters traumatisiert.

Ende 2008 begann ich meine ehrenamtliche Arbeit beim ambulanten Kinder- und Jugendhospizdienst in Baden-Baden. Drei Jahre waren vergangen und ich war dem Leben wieder zugewandt. Ich wollte betroffenen Eltern helfen, den schweren Weg zu bewältigen, und ich wusste aus eigenem schmerzlichen Erleben, wie sehr Hilfe gebraucht wurde. Es war auch gut für mich, mich dort einzubringen, Eltern in ihrer Trauer zu begleiten und meine Erfahrungen als betroffene Mutter weitergeben zu können. 2009 nahm ich an einem Qualifizierungskurs des Hospizes teil, um vor Ort eingesetzt werden zu können. Der Aufgabenbereich ist vielfältig: Wir begleiten Familien nach dem Tod eines Kindes, helfen bei organisatorischen Anliegen, wir gehen auch in Schulen und beantworten dort Fragen zum Sterben und zum Tod. Es werden Kurzfilme gezeigt, die in einfacher Form den Tod erklären und damit den Kindern und Jugendlichen die Angst davor nehmen sollen. Manches Mal kam es auch vor, dass wir von Schulen kontaktiert wurden mit der Bitte, in eine Klasse zu kommen, in der ein Schüler oder ein Elternteil eines Schülers verstorben war, weil sich sowohl Schüler wie auch Lehrer mit dieser Situation schwertaten.

Wir Mitarbeiter des Kinder- und Jugendhospizdienstes machen immer wieder die Erfahrung, dass der Tod in unserer Gesellschaft ein Thema ist, über das viele Menschen nur schwer reden können. Mit unserer Aufklärungsarbeit wollen wir dieser Tatsache ein wenig entgegenwirken. Der Hospizdienst steht in engem Kontakt mit der Kinderklinik Freiburg sowie mit Bestattungsinstituten, denen der Dienst seine Unterstützung anbietet.

In jedem Jahr gestalten wir den „Weltweiten Gedenktag für verstorbene Kinder“: Am zweiten Sonntag im Dezember werden weltweit um 19 Uhr Kerzen für verstorbene Kinder angezündet und in ein Fenster gestellt. Wenn in einer Zeitzone die ersten Kerzen verlöschen, werden in der nächsten Zone neue Kerzen angezündet. So umrundet eine Lichterwelle die ganze Welt – zum Andenken an alle verstorbenen Kinder. Wir laden verwaiste Eltern an diesem Tag in eine Kirche ein, um ihnen einen geschützten Raum für ihre Trauer und ihren Schmerz zu ermöglichen. Besonders die Weihnachtszeit ist für betroffene Eltern sehr schmerzhaft. Wir gestalten diesen besonderen Sonntag in Baden- Baden immer mit sehr viel Liebe und Hingabe. Es wird Musik gespielt, Gedichte werden gesprochen und Kerzen angezündet – für Kinder, die nicht lange leben durften.

Ich habe auch jedes Mal eine Kerze für Karl angezündet.

Ich hielt an jedem der Gedenktage eine kleine Rede für die betroffenen Familien, weil ich ihnen Mut machen wollte, ihnen Hoffnung schenken wollte auf ein Leben „danach“. Gerade mein erster Gedenktag war auch für mich eine große Herausforderung, denn vor mir saßen weinende Eltern, die um ihr verstorbenes Kind trauerten – so wie ich. Ich war sehr im Mitgefühl mit diesen Eltern, kam mit meiner Traurigkeit aber nicht in Kontakt. Ich finde solche Gedenktage schmerzhaft und zugleich heilsam, weil sie betroffenen Eltern zeigen, dass sie nicht allein mit ihrem Schmerz sind. Es passiert auch anderen. Nach dem Gottesdienst hatten die Anwesenden noch Gelegenheit, mit uns Ehrenamtlichen Gespräche zu führen.

Ich habe gegeben, aber ich habe auch viel zurückbekommen. Diese ehrenamtliche Arbeit hat auch mich und mein Leben bereichert.

Die Trauer von Kindern kann sich über viele Jahre hinziehen und kann immer einmal wieder in den Vordergrund kommen, insbesondere in Zeiten von Krisensituationen. Es ist also wichtig, mit Kindern über den Tod zu sprechen. Hilfreich dabei ist, wenn wir Erwachsenen uns im Vorfeld mit unserem eigenen Sterben auseinandersetzen. Es ist wichtig, das zu benennen, was war und wie es ist. Wie bei allem ist auch hier die EHRLICHKEIT gegenüber den Kindern ein ganz wesentlicher Punkt, damit sie nicht mit Halbwahrheiten und Ängsten verwirrt werden. Wenn Kinder etwas anderes spüren, als sie gesagt bekommen, macht ihnen das Angst und zerstört Vertrauen. Selbst kleine Babys können irritiert sein.

Gerade, wenn Vater oder Mutter gestorben ist, ist es wichtig, den verstorbenen Elternteil nicht zu glorifizieren oder „niederzumachen“. Auf realistischen Erinnerungen können Kinder ihre Zukunft aufbauen. Die Wahrheit schafft Vertrauen und Vertrauen stärkt. Kinder brauchen es, dass über die Tatsache und die dazugehörenden Gefühle gesprochen wird, denn in einer Familie, in der nicht über den Tod gesprochen wird, wird über gar kein Gefühl gesprochen.

Ermutigen wir also unsere Kinder, über die Gefühle zu reden, machen wir ihnen aber auch klar, dass nicht jede Krankheit tödlich ist, dass nicht jede Autofahrt mit dem Tod endet. Selbst Kinder, die wissen, dass sie sterben werden, haben viel weniger Probleme mit dem eigenen Tod als das Umfeld.

Hören wir den Kindern zu und bestätigen wir die dazugehörigen Gefühle. Kinder werden oft immer das Gleiche erzählen, sie sind viel besser in der Lage zu verarbeiten, sie nehmen sowieso nur das auf, was sie ihrem Entwicklungsstand entsprechend auch verkraften können. Wie auch bei Erwachsenen gilt es, trauernde Kinder nicht abzulenken oder zu trösten, sondern sie liebevoll durch die Trauer und den Schmerz zu führen. Je intensiver ein Kind trauert, umso besser verarbeitet es den Verlust. Wenn Kinder schon in jungen Jahren lernen, gut mit dem Tod umzugehen, werden sie im Verlauf ihres Lebens mit Verlusten und Abschieden viel besser umgehen können. Verdrängte Trauer kann Kinder schwächen oder auch dahin führen, dass sie sich andere Möglichkeiten der Trauerverarbeitung suchen.

Ich wurde schon öfters gefragt, ob man Kinder auf eine Beerdigung mitnehmen soll. Ich denke, ab einem Alter von drei Jahren ist das gut möglich – immer vorausgesetzt, die Kinder möchten das und haben die Möglichkeit, während des Gottesdienstes die Kirche zu verlassen. Je nachdem, wer beerdigt wird, kann auch ein Vertrauter der Familie sich während der Beerdigung des Kindes annehmen.

Wie trauern kleine Kinder und welche körperlichen Symptome können in diesem Zusammenhang auftreten? Als ich nach dem Unfall meiner Familie mit dieser Situation konfrontiert wurde, hatte ich noch keine Ahnung. In der Zwischenzeit habe ich durch meine intensive Beschäftigung mit diesem Thema, durch meine Ausbildungen und meine praktische Arbeit als Trauerbegleiterin sehr viel über das altersentsprechende Todesverständnis von Kindern und ihre Reaktionen in den unterschiedlichen Altersgruppen gelernt und aus nächster Nähe erfahren.

Kinder im Alter von bis zu zwei Jahren:
Das Kind weiß nicht, was der Tod ist, bemerkt aber die Abwesenheit eines Familienmitgliedes. Besonders die emotionalen Veränderungen des Umfeldes werden wahrgenommen und ängstigen. Es können Blasen- und Verdauungsprobleme auftreten. Gleichgültig, wie klein das Kind ist, sollten wir ihm erzählen, dass wir traurig sind, weil...

Das Kind sollte so viel Körperkontakt bekommen wie möglich. Ich habe mich seit dem Tag des Unfalls mit meinen Kindern in das Ehebett gelegt. Wir schliefen immer ganz dicht aneinandergedrückt, wir alle brauchten die Nähe, sie nährte uns. Das haben wir über viele Jahre beibehalten, noch heute wird in unserer Familie viel gekuschelt.

Kinder im Alter von zwei bis drei Jahren:
Kinder wissen in diesem Alter, dass nach Menschen gerufen werden kann, wenn sie nicht in der Nähe sind. „Wann kommt Papa...?“ Nach dem verstorbenen Elternteil zu suchen, ist demnach eine Trauerreaktion. Meine Tochter Lina wurde in der Nacht mehrmals wach, streckte die Hände in den Himmel und rief meist nach Karl. Sie wollte immer zu ihm, es war schwer, sie zu beruhigen.
Rituale sind wichtig, feste Tagesabläufe sowie die Ess- und Schlafgewohnheiten sollten aufrechterhalten werden. Viel Aufmerksamkeit, emotionale Nähe ist notwendig. Je nach Entwicklungsstand des Kindes können auch schon Geschichten vorgelesen oder erzählt werden, die sich mit Sterben und Tod auseinandersetzen. Es gibt zu diesen Themen spezielle Kinderbücher.

Kinder im Alter von drei bis fünf Jahren:
Das Verständnis über den Tod ist noch begrenzt. Kinder in diesem Alter kennen die Trennung von den Eltern durch den Kindergarten, wissen aber, sie werden wieder abgeholt. Bei einem Todesfall in der Familie sollte unbedingt die Kindergartenleitung davon unterrichten werden. Meine Zwillinge Anna und Lina blieben nur äußerst zögerlich im Kindergarten. Ihre Verlustängste waren immens. Ich saß zu Beginn des Kindergartens lange Zeit mit in der Gruppe. Das Loslassen dauerte lange.

Als Symptome können Verdauungsprobleme, Kopfschmerzen, Ausschläge, emotionale Ausbrüche oder Angst vor Dunkelheit auftreten. Lina hatte zum Beispiel auffallend viele emotional Ausbrüche, Angst vor Dunkelheit hat sie immer noch, die ihrer Schwester Anna dagegen gar keine Probleme bereitet.

Wichtig ist, dass wir als Elternteil das Kind bewusst wahrnehmen, um entsprechend zu reagieren. Und wichtig ist in dieser Altersgruppe auch, dass den Kindern nicht erzählt wird, dass „der Tod wie Schlafen ist" und auch nicht, dass sie am Tod des Elternteiles oder der Geschwister mit Schuld hätten. Denn manche Kinder haben das Gefühl, dass das Familienmitglied gestorben ist, weil sie nicht brav waren oder zu laut oder ähnliches.
Manchmal wünschen sich Kinder, dass der Bruder oder die Schwester nach langer Krankheit endlich sterben soll, damit die Eltern den Blick auch wieder auf sie wenden. Wenn der Tod dann eintritt, verfällt das Geschwisterkind verständlicherweise in Schuldgefühle. Das Kind aber muss wissen, dass es keine Schuld trägt.

Meine Kinder fragten mich, als sie etwa fünf Jahre alt waren, immer wieder, wer sich um sie kümmern würde, wenn ich auch sterben sollte. Deshalb sollte man gemeinsam mit den Kindern (sie sollten in diesem Fall mitbestimmen dürfen) einen Menschen in ihrem Umfeld aussuchen, der sich um die Kinder kümmert, wenn dieser Fall eintreffen sollte. Mittlerweile gibt es in meinem Umfeld einige Menschen, die sich ihrer annehmen würden – sie wissen das, und das beruhigt sie.

Kinder im Alter von sechs bis acht Jahren:
Die Wirklichkeit des Todes ist auch für diese Altersgruppe nach wie vor schlecht zu begreifen. Die Schulleitung muss bei einem Todesfall unbedingt informiert werden und man kann

das Kind auf die Situationen in der Schule vorbereiten, dass sie offen antworten können, dass Mutter oder Vater, Schwester oder Bruder gestorben ist, wenn sie gefragt werden. Meine Kinder sind in der Schule angesprochen worden, weshalb sie denn immer nur von der Mutter abgeholt würden. Anna und Lina haben gelernt, ganz offen mit dem Thema umzugehen. Sie entscheiden, mit wem sie über diese, über ihre Geschichte reden wollen und mit wem nicht.

Es ist möglich, dass sich die Schulleistungen verschlechtern, die Konzentration kann nachlassen, vor der Schule können Bauch- und Kopfschmerzen auftreten. Das ist normal und geht vorbei. Ich bin jetzt in ständigem Kontakt mit der Klassenlehrerin und der Erzieherin, um meine Kinder so gut es geht auf ihrem Weg zu begleiten. Lina fing in der ersten Klasse an, den Religionsunterricht zu stören. Sie verstand nicht, dass die Lehrerin von einem „lieben" Gott sprach. Lina schimpfte auf Gott, denn dieser hat Papa, Karl und Stephan zu sich genommen. Hier helfen nur Gespräche, Bücher und unsere Einstellung zu Sterben, Tod und Gott. Lassen wir alle Reaktionen der Kinder zu, hören wir uns ihre Ängste an. Wir sind und bleiben die wichtigste Ansprechperson.

Kinder im Alter von neun bis zwölf Jahren:
Jetzt haben die Kinder ein mehr oder weniger reifes Konzept über den Tod entwickelt. Ein Verlust eines Elternteiles in diesem Alter kann zu Hilflosigkeit führen, da diese Kinder in diesem Lebensabschnitt die Tendenz zu Unabhängigkeit verspüren. Daraus können Identitätsprobleme entstehen, die meist durch „cooles Äußeres" kompensiert werden sollen. Die Gefahr bei Kindern in dieser Altersgruppe ist, dass sie die Rolle von Mutter oder Vater einnehmen. Die Familienstruktur verändert sich durch den Tod eines Familienmitgliedes, jeder muss seinen neuen Platz erst finden. Der leere Platz

der Mutter oder des Vaters aber sollte nicht durch ein Kind eingenommen werden – Kinder sind mit dieser Position sehr schnell überfordert. Geben wir den Kindern genügend Raum für Freizeit und Sport. Es ist in Ordnung, trotz der Trauer glücklich zu sein und sich auf Ereignisse zu freuen.

Teenager-Alter:
Der Tod kann als sehr erschreckend empfunden und als endgültiger Verlust gesehen werden. Der Tod eines nahestehenden Menschen kann die Phase, in der der Teenager sowieso schon eine seelische und körperliche Veränderung durchmacht, noch weiter erschweren. Teenager suchen oft Hilfe außerhalb des Elternhauses, was jedoch nichts mit dem verbleibenden Elternteil zu tun hat. Manche Teenager können sich auch isoliert fühlen, weil das Umfeld sie aus Hilflosigkeit meidet.

Als Vater oder Mutter ist es wichtig, das Verhalten des Teenagers und sein Umfeld, seinen Freundeskreis zu beobachten. Es ist gut möglich, dass sich das Mädchen oder der Junge stark zurücknimmt und seine Gefühle nicht ausdrückt, um Vater oder Mutter zu schonen. Deshalb ist es notwendig, das Kind zu ermutigen, über seine Gefühle zu reden, indem man es selbst tut, indem wir sagen, was wir fühlen, und unsere emotionalen Wechselbäder beschreiben. Reden wir mit dem Kind über den Verstorbenen.

Diese Auflistung kann nur eine Orientierung im Umgang mit einem trauernden Kind sein. Wer sich nicht sicher ist, sein Kind gut durch die Zeit der Trauer tragen zu können, der sollte sich Rat und Unterstützung holen. Aus meiner Erfahrung weiß ich heute sicher, dass mein seelischer Zustand sich auf meine Kinder und damit auf deren Verhalten ausgewirkt hat. Je klarer wir mit dem Thema Tod umgehen, desto einfacher wird es für die Kinder.

> Kinder können uns helfen, unsere Wunden zu heilen. Was wir Eltern verdrängen, werden unsere Kinder ausleben.
>
> *Eva-Maria Zurhorst*

21

Mittlerweile befand ich mich auf einem guten Weg vom „Überleben“ zum „Leben“. Ich fand mich nach anfänglichen Schwierigkeiten immer besser zurecht in meinem neuen Leben, es gab wieder einige Glücksgefühle in mir. Dennoch trübte das Verhalten von Lina unser aller Leben. Ihr Schreien machte uns den Alltag schwer und mir das Herz sehr schwer. Ich stand oft unter Anspannung, weil ich nie wusste, wann sie wieder schreien würde. Dadurch war ich natürlich immer wieder und immer weiter auf der Suche nach Heilungswegen.

Eine Freundin, mit der ich in jener Zeit viele Gespräche führte, wies mich irgendwann einmal auf einen neuen Weg hin: Prana-Heilung.

Prana bedeutet im Sanskrit Lebensatem. Im Hinduismus bedeutet es Leben, Lebensenergie, Lebenskraft. Es ist vergleichbar mit dem chinesischen Qi. Pranaheilung ersetzt keinen Arztbesuch, es kann nur eine unterstützende Heilmethode sein. Der Pranaheiler arbeitet indirekt mit dem physischen Körper des Menschen. Der Energiekörper, die Aura des Menschen (sie umgibt den physischen Körper wie eine zweite

Hülle) und seine Energiezentren (Chakren) werden abgetastet, gereinigt und energetisiert. Die Selbstheilungskräfte des Körpers werden in Gang gesetzt.
Negative Emotionen wie Zorn, Wut und seelische Erschütterungen können die Chakren in ihrer Tätigkeit einschränken, was einen „Pranamangel" oder einen „Pranastau" im Körper zur Folge hat. Durch Pranaheilung ist es möglich, die Chakren und Organe von kranker bioplasmatischer Materie zu „reinigen" und durch Energetisierung mit Prana wieder in Gleichklang und Funktion zu bringen.

Mich faszinierte diese Form der Heilung, so dass ich mich darin ausbilden ließ. Im Zuge dieser Ausbildung erlernte ich diverse Meditationstechniken, die mir halfen, wieder Zugang zu mir, zu meinem Inneren zu bekommen. Sie erleichterten mir, mit meinen „Schmerzwellen" besser umzugehen, wenn sie in mir aufstiegen. Die Prana-Heilung stärkte meinen körperlichen und seelischen Zustand, sodass ich meinen Alltag leichter bewältigen konnte.

Durch die Prana-Heilung kam mein „geschockter" Körper immer mehr in seine Heilung und fand wieder in seine Kraft.

Linas Schreien aber blieb, sodass ich weiter nach der Ursache und vor allem nach einer Lösung suchte. Ich kam mit der Reinkarnationstherapie in Berührung.

> Kinder müssen dort revoltieren, wo es in der Familie eine dunkle Stelle gibt.
>
> *Eva-Maria Zurhorst*

Ich hatte in der Vergangenheit schon mehrmals über das Thema Karma und Reinkarnation gelesen, ich war jedoch bis dahin nicht wirklich berührt worden und hatte noch keine entsprechende Resonanz in mir gespürt.

Es gibt viele verschiedene „Heil-Wege". Sie haben alle jedoch eines gemeinsam: Sie führen durch Konfrontation, Not und Angst, Trauer und Schmerz. Der Lohn dafür ist Lebensfreude und das Gefühl der Selbstliebe.

Jetzt, etwa drei Jahre nach dem Unfall, wurde mein Interesse an diesem Thema intensiver und ich besuchte ein Wochenendseminar über Karma und Reinkarnation, bekam ein „Einzelcoaching", lernte viel über das Leben, verstand „Lebens-Zusammenhänge", konnte mir manches besser erklären, und danach veränderte sich alles; ich besuchte weitere Aus- und Weiterbildungskurse zu diesem Thema. Im Zuge dieses Seminars und der darauffolgenden Ausbildung lernte ich mich und meine „Verhaltensmuster" besser kennen. Ich verstand, warum sich manche Ereignisse ständig in meinem Leben wiederholten, und wie ich mich von ihnen lösen konnte, um mir eine bessere Realität zu erschaffen.

Ein Wort von Maharishi Mahesh Jogi beschreibt es so: „Wie man sät, so erntet man. Wie man handelt, so erschafft man sich seine eigene Zukunft. Das Morgen basiert immer auf dem Heute. Es ist immer die Gegenwart, die wichtig ist, wie man sich verhält. ... Davon hängt ab ... ob ich morgen Glück oder Frieden erfahren werde." Handlung heißt im Sanskrit Karma. Es ist weder gut noch böse, noch eine Strafe Gottes, es ist eine Antwort auf die Aktion, die Handlung eines Menschen. Es ist wichtig zu wissen, was ich mit meinem Tun hervorrufe. Wenn ich einem Menschen aus tiefstem Herzen eine Freude mache, wird auch die Freude in mein Leben kommen. Genauso verhält es sich aber auch mit negativen Dingen. Auch Bösartigkeiten werden auf uns zurückfallen. Dieses Wissen ist die Vorraussetzung dafür, dass wir Verantwortung für unser Handeln übernehmen.

Das hat auch etwas mit Erwachsensein zu tun. Die Dinge verantworten zu können, die man verursacht hat. Ich selbst habe die Erfahrung gemacht, dass sich Ereignisse in meinem Leben wiederholten, ich wusste aber nicht, warum. Mir fehlte das Wissen um mein Verhalten – aber es gibt einen Weg durchs Leben, den sprichwörtlichen roten Faden.

Manchen Menschen wird dieser rote Faden erst am Ende ihres Lebens bewusst. Wenn wir während unseres Lebens mit der Bewusstwerdung beginnen, dann können wir den Faden erkennen und bewusst andere Wege einschlagen, wenn vorangegangene Entscheidungen Erfahrungen mit sich brachten, die nicht wiederholt werden wollen. Wir treffen Entscheidungen aufgrund von Erfahrungen, aber auch aus unserem Instinkt heraus. Ich bin aber auch der Meinung, dass sich manche Ereignisse in unserem Leben nur mit Schuld und Verdienst aus früheren Leben erklären lassen.

Sanskrit
Achte auf Deine Gedanken, denn sie werden Worte.
Achte auf Deine Worte, denn sie werden Handlungen.
Achte auf Deine Handlungen, denn sie werden Gewohnheiten.
Achte auf Deine Gewohnheiten, denn sie werden Dein Charakter.
Achte auf Deinen Charakter, denn er wird auch Dein Schicksal.

Das „auch“ ist von mir zugefügt worden, weil ich denke, dass es noch andere Faktoren gibt, die unser Schicksal bestimmen.

Einen physikalischen Beweis, dass die Seele des Menschen nach dem Tod weiter existiert und wiedergeboren wird (Reinkarnation), gibt es nicht. „Die verstehen nur sehr wenig, die nur verstehen, was sich erklären lässt“, sagt Maric von Ebner Eschenbach, denn bei der Reinkarnationstheorie geht es um Schöpfungsgeschichte, die die Physik nicht greifen kann.

Wir können uns den Tod und die Wiedergeburt anhand eines Bildes vielleicht leichter erklären: mit dem Bild einer Welle im Ozean. Sie besteht aus Inhalt, dem Wasser (auf den Menschen übertragen: die Seele) und der Form, der Wellenstruktur. Wenn die Welle ausläuft und sich mit der Oberfläche des Ozeans verbindet, geht ihre Form verloren – sie ist „gestorben“. Das Wasser, das der Welle die Form gegeben hat, bleibt und formt sich zu einer neuen Welle. So wie das Wasser bleibt und sich immer wieder zu einer neuen Welle formt, so inkarniert die Seele auch immer wieder.

Ich habe mich während meiner Suche nach dem Sinn des Lebens immer wieder gefragt, wo denn die Seele hingeht. Ich habe oft gelesen, dass sie sich in „Astralebenen“ aufhalten würde, bis sie sich zu einer neue Inkarnation entschließt. Wo die Astralebene auch immer sein mag, ich lasse die Erkenntnis für mich so stehen. Für mich ist klar, dass wir immer wieder geboren werden – meine eigenen Rückführungen sind mir Beweis genug.

Die Rückführungstherapie befasst sich mit Bildern von der Zeugung, der Schwangerschaft, der Geburt und der Kindheit oder der Zeit aus früheren Leben. Negative, traumatische Erfahrungen in dieser Zeit können unser Leben im Hier und Jetzt beeinflussen. Wenn ein Kind zum Beispiel durch eine Vergewaltigung entsteht, die Mutter Abtreibungsversuche unternimmt oder der Mutter während der Schwangerschaft

Gewalt zugefügt wird, wird sich all dies auf das Kind und sein Leben auswirken. Wenn ein Mensch körperlich und/oder seelisch verletzt wird – „vor Angst erstarrt" –, dann kommt es zu einer seelischen Spaltung, das heißt: Ein Teil unserer Psyche, der „traumatisierte Anteil", bleibt in den Ängsten und Schmerzen der Traumasituation haften. Ein anderer Teil unserer Psyche, der „gesunde Anteil", ist der Anteil, der sich bereits vor dem Trauma gut entwickeln konnte und dies auch weiterhin kann, wenn der Abstand zum Trauma gewahrt bleibt. Die „gesunden Anteile" sind die Anteile, die dafür sorgen, dass selbst ein traumatisierter Mensch sich gut im Leben zurechtfinden kann. Für den Abstand zwischen den oben genannten Anteilen sorgen die „Überlebensanteile", die, wie schon ihr Name sagt, für das Überleben des Menschen nach einer traumatischen Erfahrung sorgen. Das Überleben wird dadurch gesichert, dass die „Überlebensanteile" die schmerzhafte Erfahrung aus dem Bewusstsein in das Unterbewusstsein verdrängen. Diese schlummern von nun an dort und führen eine Art „Schattendasein". Kurzfristig und am Anfang eines traumatischen Erlebnisses sind die „Überlebensanteile" lebensrettend, langfristig hemmen sie meiner Meinung nach den Menschen, in seine seelische und körperliche Kraft zu kommen.

Wie sollen wir ganz werden, wenn es Teile in uns gibt, die wir ablehnen?

Ab dem Moment, in dem ein Trauma erfahren wird, beginnt es im Körper zu wirken. Deshalb bin ich auch der Meinung, dass eine nicht stattfindende Traumaheilung langfristig zu Krankheiten führen kann.

Durch die Reinkarnationstherapie bekommen wir Zugang zu unserem Unterbewusstsein. Es kommt zu einer Bewusstseinserweiterung, die dem Menschen zeigt, wie seine Gegenwart durch Ereignisse aus der Vergangenheit geprägt wird. Denn unser Unterbewusstsein speichert alles zeitlos auf, es kann die Vergangenheit von der Gegenwart nicht unterscheiden. So kann der Mensch zum Beispiel den Ursprung seiner Ängste erfahren, das Gefühl, „sich nicht geliebt" zu fühlen und seinen Mangel an Urvertrauen, und er kann erkennen, dass diese Ängste und Gefühle mit der Gegenwart nichts zu tun haben. Der Mensch kommt von der Ohnmacht in seine Eigenmacht.

Ich lernte mich immer besser kennen und verstand meine Gefühle und mein Verhalten im Hier und Jetzt besser denn je. Durch diese Therapie wurden mir noch anerzogene Verhaltensmuster bewusst, die ich ablegen wollte, weil mir die Bedeutung von Karma bewusst geworden war. Unsere Seele ist immer um Ausgleich bestrebt. So begann ich, mir Eigenschaften und Werte anzueignen, die mir wichtig erschienen, und die ich heute nach wie vor für sehr wichtig halte. Mir wurde sehr deutlich, wie wichtig mir ethisches Verhalten ist.

Es gab also viel zu tun.

Damit begann der Weg meiner Persönlichkeitsentwicklung. Ich wusste von nun an, in welchen Bereichen ich verletzbar war, wann ich Gefahr lief, mich aufzugeben, und wie ich diesen „alten" Verhaltensmustern entgegenwirken konnte, um mir eine neue Realität zu schaffen. Es geht nicht darum, jede Verletzung zu heilen, sondern das Trauma herauszufiltern, das dafür zuständig ist, dass der Mensch nicht bei körperlicher und/oder seelischer Gesundheit ist.

> Wer nicht gewillt ist, von der Vergangenheit zu lernen, der ist gezwungen, sie zu wiederholen.
>
> *Ingrid Vallieres*

23

Natürlich gab es auch auf meinem Weg der Persönlichkeitsentwicklung Rückschläge. Es brauchte Zeit und Durchhaltevermögen, bis ich meinen Selbstwert aufgebaut hatte. Auch das Ablegen von ungeliebten Verhaltensmustern dauerte. Dieser Weg ist erst einmal schwierig und holprig, manche Streckenabschnitte musste ich mehrmals durchlaufen, bis ich die „richtige Abzweigung" erkannte. Mit der Zeit aber wurde dieser Weg immer leichter für mich und ich gehe ihn noch heute mit großer Freude. Ob und wie sehr ein Mensch sich und seine Verhaltensmuster ändern kann, diese Frage führt gerade unter Psychologen zu vielen Diskussionen. Aus meiner Erfahrung heraus bin ich der Meinung, dass ein Mensch einiges an sich verändern kann. Ich selbst agiere heute in vielen Situationen ganz anders als früher. Ich war in der Vergangenheit sehr anhänglich und unselbstständig, traute mir nichts zu und nahm mich und meine Bedürfnisse nicht wahr. Durch die Arbeit an mir und mit mir – und es ist Arbeit –, bin ich selbstständig geworden, ich brauche meine Freiheit, und mein Partner bekommt sie auch von mir. Obwohl sich ein Urvertrauen in meinem Leben nicht entwickeln konnte, kann ich heute mir und anderen Menschen sehr gut vertrauen. In meiner eigenen Familie gab es und gibt es viel Zärtlichkeit, obwohl es mir als Kind nicht vorgelebt wurde.

Es kostet Kraft, das zu werden, was man sein möchte.

Wie funktioniert diese Reinkarnationstherapie? Der Klient wird an das Ereignis herangeführt (keine Trance, keine Hypnose oder andere Hilfsmittel), das sein heutiges Problem verursacht. Vielen Menschen bereitet es Angst, sich noch einmal mit der schmerzhaften Erfahrung auseinanderzusetzen. Es kommt dadurch aber auch zu einer Distanzierung der Traumasituation, weil der Klient nun auch von Außen das Geschehen beobachten kann. Es werden bei der Reinkarnationstherapie immer die vier Erlebnisebenen „äußeres Geschehen", „Körper", „Gefühl" und „Gedanke" abgefragt. Es kommt dadurch zu einer Entladung von emotionalen und körperlichen Blockaden. Unser Unterbewusstsein gibt immer nur das frei, was erlöst werden soll und was der Klient „ertragen" kann.

Damit das Körperempfinden, das Gefühl und der Gedanke wieder eins werden können, muss der Klient noch einmal an das Gefühl von damals herangeführt werden, denn ein Trauma entsteht aus nicht aushaltbaren Gefühlen. Dadurch, dass diese abgespaltenen, erstarrten Gefühle aus ihrer Isolation geholt werden, werden sie integriert – Körper, Geist und Seele können langfristig wieder eins werden. Ich selbst habe an mir und in meiner Arbeit mit Klienten bemerkt, dass das Reden über ein traumatisches Ereignis langfristig nicht heilt. Nach einer schmerzhaften Erfahrung ist Reden sehr gut und hilfreich, da aber in traumatischen Anteilen viel Energie gebunden ist, verhindern diese, dass der Mensch langfristig in seine volle körperliche und seelische Kraft kommt.

Durch das Wiedergewinnen meines Körpergefühls konnte ich auch ein gesundes ICH aufbauen. Als ich in der Lage war, mich immer besser selbst zu fühlen, konnte ich meinen verlorengegangenen Selbstwert wieder aufbauen, der mir zuerst Selbstsicherheit gab und mich letztendlich in das schönste Gefühl führte: in die Selbstliebe.

Welche Eigenschaften muss man für einen starken Selbstwert entwickeln?

Die Selbstliebe:	Ich liebe mich für alles, was ist.
Der Selbstschutz:	Ich schütze mich zum Beispiel vor lieblosem Verhalten.
Die Selbstgeborgenheit:	Ich fühle mich in mir und mit mir wohl.
Die Selbstakzeptanz:	Ich akzeptiere mich, wie ich bin, mit allem, was ist.
Die Selbstachtung:	Ich bewahre mir meine Würde.
Die Selbstsicherheit:	So, wie ich bin mit meinen Fähigkeiten, bin ich gut.
Die Selbstwahrnehmung:	Was tut mir gut, was will ich.
Die Selbstabgrenzung:	Ich lasse nicht zu, dass...
Die Selbstreflexion:	Rückzug in mich.
Die Selbstgenügsamkeit:	Was brauche ich wirklich?

All diese Eigenschaften sollten wir entwickeln, damit wir ein gutes Selbstvertrauen haben. Dies schützt uns davor, in abhängige Verhältnisse zu rutschen und unser Leben für das Leben anderer zu „opfern". Je selbstsicherer wir sind, desto weniger faule Kompromisse gehen wir ein. Kompromisse aus Liebe – der Situation wegen jederzeit, aus Bedürftigkeit niemals. Um diese Eigenschaften entwickeln zu können, sollten wir uns unserer Handlungen bewusst werden und uns ständig hinterfragen.

Der zweite Schritt ist, den Mut zu entwickeln, unsere Wahrnehmung auch zu äußern. Das ist gerade am Anfang schwer, weil wir Angst vor möglichen Konsequenzen haben. Es sind unsere Ängste, die durch Mangel an Urvertrauen entstehen und die uns in Abhängigkeitsverhältnisse führen. Deshalb ist es wichtig zu erkennen, wo unsere Ängste herkommen und wann sie entstanden sind. Die Angst hat ihren Ursprung immer in der Vergangenheit, es ist ein „altes" Gefühl und bezieht sich dabei auf etwas, was in der Zukunft passieren könnte. Wir haben Angst, weil wir etwas begehren, und fürchten, es zu verlieren. Angst ist auch ein Mangel an Vertrauen.

> Vertrauen heißt, nicht zu kapitulieren,
> sondern zu einer höheren Ebene des Denkens
> aufzusteigen. Vertrauen heißt, nicht der
> menschlichen Vernunft zu trotzen, sondern
> vielmehr an göttlicher Weisheit teilzuhaben.
>
> *Abraham Heschel*

24

Eine wichtige Rolle für unseren Selbstwert spielt das Verhältnis, das wir als Kind zu unserer Mutter hatten. Unter den Bindungen und Verbindungen ist die Mutter-Kind-Beziehung die stärkste seelische Bindung im Leben von Kindern. Keine Bindung kommt dieser Qualität nahe. Die Urform der Identität findet das Kind in seiner Mutterbindung. Das Kind ist der Spiegel der Seele seiner Mutter. Diese wichtige Bindung kann dadurch zerstört werden, dass die Mutter das Kind von Anfang an ablehnt, wie dies bei mir der Fall war. Bei mir kam hinzu, dass die Hinwendung zu meiner Mutter dann noch einmal durch meinen einjährigen Krankenhausaufenthalt gestört wurde. Zusätzliche erschwert wurde das Verhältnis zwischen meiner Mutter und mir nicht zuletzt auch durch ihre Vergangenheit. Durch ein Kind, das nicht leben durfte, und durch den Tod ihres Zwillingsjungen Michael konnte meine Mutter für mich seelisch nicht erreichbar sein.

Durch den Tod eines Kindes werden Eltern und Geschwister traumatisiert. Dabei kommt es in den meisten Fällen zu einer Abspaltung der Gefühle und die Seele der Eltern zieht sich zurück, was dann eine Bindungsunfähigkeit zur Folge haben kann. Für die lebenden Geschwister ist die seelische Erreichbarkeit der Mutter aber überlebenswichtig, weshalb das Kind auch alles unternehmen wird, um die Mutter zu erreichen. Wenn es ihm jedoch nicht gelingen sollte, die Seele der Mutter zu erreichen, resigniert es in den meisten Fällen und wird von nun an auf Distanz zur Mutter gehen, auch wenn diese sich wieder annähern sollte. Durch die gestörte Hinwendung zur Mutter verliert das Kind das Urvertrauen – dadurch kann es auch nur sehr schwer Vertrauen zu sich selbst und seinen Fähigkeiten entwickeln, und in der Regel fällt ihm dann das Vertrauen in andere Menschen ebenfalls schwer. Dies kann später zu beruflichen und privaten Problemen führen.

Dadurch, dass ich immer die seelische Erreichbarkeit meiner Mutter suchte, konnte es überhaupt erst zu dem emotionalen Missbrauch kommen. Ich versuchte, es meiner Mutter immer recht zu machen, war angepasst und stellte meine Wünsche und Bedürfnisse hinten an. Meine Mutter erzog mich in einer diktatorischen Art und Weise, immer mit der Aussage, für mich nur das Beste zu wollen. Ich wurde für ihre Bedürfnisse ausgenutzt und abhängig gemacht. Dadurch hat mich meine Mutter zur Unselbstständigkeit erzogen, meine Reifung verhindert und mir meine Identität genommen. Ich war nie ich selbst.

Als die Ehe meiner Eltern zerbrach, solidarisierte sich mein Bruder mit meinem Vater, womit ich endlich ganz den Platz an der Seite meiner Mutter einnehmen konnte. Da ich aber jetzt für meine Mutter zum Partnerersatz wurde, gelang es mir zu einem späteren Zeitpunkt nicht, mich von ihr, vom Elternhaus abzunabeln. Heute weiß ich, dass meine Mutter versuchte, ihre Ängste vor dem Alleinsein und den Verlust von Zuneigung durch mich zu kompensieren. Die Erziehung meiner Mutter mündete für mich in Unselbstständigkeit, gepaart mit der Angst vor dem Leben. Diese Angst trieb mich dann später in meine Abhängigkeitsproblematik in der Partnerschaft.

Ein Partnerschaftsproblem beginnt meist bei der eigenen Mutter und/oder beim eigenen Vater. Dabei gilt zu reflektieren, welche Art von Bindung, von Partnerschaft haben mir die Eltern vorgelebt? Was für eine Bindung gab es zwischen den Eltern und dem Kind? Wie wurde das Kind emotional geprägt? Die Selbstliebe ist dabei in meinen Augen ein ganz wichtiger Baustein für eine glückliche Partnerschaft. Die meisten Menschen versuchen jedoch, die Defizite aus ihrer Kindheit durch den Partner zu kompensieren – was dieser niemals schaffen kann!

In einer Partnerschaft haben wir die Chance, viel über uns und unsere Fähigkeiten zu erfahren. Die Eigenschaften, die ich am anderen anziehend finde, erinnern an die eigenen vernachlässigten Potenziale. Die Verhaltensweisen, die man ablehnt, stellen die Problempunkte in der eigenen Persönlichkeit dar. In der Liebe zu einem anderen Menschen haben wir die Chance, im Dienste des Lebens zu wachsen. Ich kann am anderen nur das erkennen, was ich selbst in mir habe. Das Urteil, das ich über andere fälle, fälle ich in erster Linie über mich selbst.

Um Bindung zum anderen zu erreichen und zu erhalten, gehen viele Menschen, die diese Bindung nicht erfahren haben, an die äußersten Grenzen der Liebe. Das kann bis zur Selbstaufgabe gehen. Die Erfahrungen aus der Kindheit prägen den Charakter des Kindes, weshalb auch meist der Weg der Kindheit im Laufe des Erwachsenenlebens wiederholt wird. Ich versuchte, wie die meisten Menschen auch, die keine tiefe Bindung erlebt hatten, die nicht gelungene seelische Bindung zur Mutter dann in der Partnerschaft zu erreichen, indem ich unterwürfig und anhänglich wurde. Ich lebte auch als erwachsene Frau mein "Kindheitsverhalten". So, wie meine Mutter mich und mein Leben bestimmte, so legte ich dann in meiner Partnerschaft mein Leben in Kais Hände.

Mein Thema wiederholte sich – was mir damals noch nicht bewusst war. Auch in der Partnerschaft mit Kai nahm ich meine Bedürfnisse überhaupt nicht wahr – wie denn auch? Ich hatte es nie gelernt, ich war vielmehr damit beschäftigt, seine Wünsche und Bedürfnisse zu befriedigen. Selbst mein Denken war größtenteils abhängig, ich wollte ihm gefallen und geliebt werden. Obwohl mir im Laufe der Beziehung klar wurde, dass Kai meine tiefe Sehnsucht nach Bindung nicht erfüllen konnte, ist es mir schwergefallen, mich aus dieser destruktiven Beziehung zu lösen. Später wurde dieser Prozess durch unsere Kinder noch erschwert, weshalb ich unsere Beziehung nicht lösen, sondern sie auf eine andere Ebene des Miteinander heben wollte. Heute weiß ich, dass sowohl Kai als auch ich eine tiefe Sehnsucht nach Bindung hatten. Wir lebten dieses Defizit nur auf unterschiedliche Art und Weise.

Mir war schon in der Beziehung zu Kai allmählich bewusst geworden, dass diese auf einer ungesunden Basis stand. Und dennoch ist es heute so, dass er der Mann war, von dem ich bis jetzt am meisten gelernt habe, durch ihn habe ich wichtige Entwicklungsschritte gemacht, die mir heute zugutekommen.

Eine kleine Geschichte, die ich selbst einmal erzählt bekam, mag helfen, wenn eines Tages die Versuchung lockt, wieder in eine Abhängigkeit zu rutschen, weil „dieses Mal die Liebe so groß und alles anders ist“:

Es war einmal eine Prinzessin. Da kam ein Prinz daher und fragte, ob sie auf seinem weißen Pferd reiten wolle. Die Prinzessin antwortete: „Ich würde gerne auf deinem Pferd reiten, aber im Augenblick geht das nicht, weil ich damit beschäftigt bin, mein eigenes Pferd zu bekommen. Reite ohne mich in den Sonnenuntergang, ich hole dich später ein.“

Träumen weiterhin erlaubt.

Zum Thema Liebe sagt Jochen Mariss: „In der Liebe sollten wir behutsam sein, liebevoll und aufrichtig, denn niemals liegen tiefe Zuneigung und tiefe Verletzlichkeit so nah beieinander, als wenn wir unser Herz öffnen.“ Die Liebe heilt, nährt und beflügelt uns, sie trägt uns vorwärts – in guten wie in schlechten Zeiten.

Für mich erreicht die Liebe ihre größte Kraft dann, wenn es zwischen zwei Liebenden auch eine seelische Bindung gibt – dies ist nicht immer der Fall. Es gibt seelische Bindungen, die dennoch zu keiner Beziehungen führen, und manche Menschen leben eine Liebesbeziehung ohne seelische Verbundenheit. Ich selbst habe vor nicht allzu langer Zeit das Gefühl einer seelischen Bindung zu einem Mann erfahren dürfen.

Das zu spüren, was für uns Menschen unsichtbar ist, war eine wunderschöne, bereichernde Erfahrung, die mein heutiges Gefühl der Liebe, der Verbundenheit geprägt hat. Für mich gibt es fünf „Säulen“, die meines Erachtens unabdingbar für eine gesunde Beziehung sind: Liebe, Vertrauen, Respekt, Ehrlichkeit und Wertschätzung dem anderen gegenüber.

Jeder Mensch, der uns begegnet, hat eine Botschaft für uns.

Im Laufe meiner Ausbildung zur Karmatherapeutin lernte ich, mich selbst zu lieben, für mich selbst gut zu sorgen, damit ich nicht mehr im Außen nach Kompensation suchen musste. Das, was wir von einem anderen Menschen erwarten, geben wir uns selbst nicht. Wer sich selbst liebt, kann bedingungslos lieben. Ich lernte, mir selbst zu vergeben, mich anzunehmen mit meinen Schwächen, und ich lernte, zu dem zu stehen, was war. Für mich ist heute klar, dass eine Beziehung nur dann gut funktionieren kann, wenn sich Frau und Mann als ebenbürtig sehen, und wenn es einen ständigen Austausch zwischen Geben und Nehmen gibt. Ich weiß, wie wichtig es ist, den anderen so zu lassen, wie er ist – er ist anders als ich, ich bin anders als er, und beide sind wir so richtig. Wir kommen beide aus unterschiedlichen Familien, jede hat ihr Schicksal. Es geht darum, den anderen zu achten und zu ehren – das Leben eines anderen zu berühren und damit sein eigenes Leben zu bereichern. So haben in meinen Augen zwei Menschen die beste Chance, aneinander zu wachsen. Beziehungen können ein Platz der Heilung sein. Wenn wir uns aus destruktiven Beziehungen nicht lösen, verhindern wir unser seelisches Wachstum. Ich bin überzeugt davon, dass zwei Menschen, denen es bestimmt ist, eine tiefere Beziehung einzugehen, dies auch tun werden – irgendwann, irgendwo. Alles hat seine Zeit im Leben, was geschehen soll wird geschehen. Die Seelen suchen sich.

UND DENNOCH...

Es gab einige kleine und große Katastrophen in meinem Leben,
und dennoch ... habe ich mich Gott wieder zugewandt.
Und dennoch ... fühle ich mich von Gott geliebt, getragen und beschützt.
Und dennoch ... kann ich mein Leben heute umarmen.
Und dennoch ... darf ich und kann ich glücklich sein.
Und dennoch ... kann mein zerbrochenes Herz wieder lieben.
Und dennoch ... habe ich Vertrauen in das Leben.

Vertrauen heißt: Ich traue mir selbst, ich traue anderen und ich traue meinem Leben. Wer vertraut, der schafft Nähe, Innigkeit und Verbundenheit zu sich selbst, zu anderen und zu seinem Leben. Das ist der Moment, in dem wir uns, unser Leben wirklich spüren und in dem wir unseren Gegenüber bewusst wahrnehmen. Die Begegnung mit uns selbst, mit unserem Leben und mit anderen Menschen nährt unsere Seele und bereichert unser Leben und das der anderen. Ich begann erst, die Begegnung mit mir selbst und mit meinem Leben zu lieben, bevor ich begann, mir und meinem Leben zu vertrauen. Das Vertrauen in sich ist meiner Meinung nach das wertvollste Vertrauen. Daraus kann dann sehr leicht das Vertrauen in das Leben und zu anderen Menschen wachsen.

Wenn wir vertrauen, dann sind wir in der Liebe. Lieben heißt auch, annehmen, was ist. Uns annehmen, mit unseren Stärken und Schwächen, und auch das Leben annehmen, mit seiner Schönheit und seinem Schmerz. Annehmen heißt, darauf zu vertrauen, dass etwas so sein muss, wie es ist. Wir beginnen immer dann zu kämpfen, wenn uns etwas Schmerzen bereitet. Aber alles, was wir bekämpfen, werden wir nicht los. Die Liebe heilt und führt in die Kraft – „Heilung unseres Leids bedeutet, angesichts des Verlustes weiter zu lieben" (aus: „Das Leid umarmen" von Deborah Cornell).

Das Band der Liebe verbindet uns mit dem Himmel. Es ist dort entstanden und bleibt dort fest verankert. Das Ende des Bandes haben wir in der Hand. An ihm können wir uns festhalten, weinen, anklagen – aber wir sollten es niemals loslassen.

> Das Leben und die Liebe verlangen uns viel ab. Am Ende erwarten sie von uns die Bereitschaft, genügend Vertrauen aufzubringen, um weiter zu lieben, wenn wir etwas verloren haben und uns dadurch verraten vorkommen.
>
> *Deborah Cornell*
> *(aus: „Das Leid umarmen")*

25

Meine Reise in das Leben nach dem Tod meiner Familie war weit vorangekommen. Ich glaubte nach und nach, „gut überlebt" zu haben. Aber es gab immer noch viel zu lernen und viel zu erfahren. Und es gab immer noch ein riesengroßes Problem, das mir schwer auf der Seele lag: Linas tiefe Traumatisierung, die sich unverändert in diesen für uns alle qualvollen Schrei-Attacken ausdrückte.

Im Mai 2010 – nach fast fünf langen Jahren Schrei-Martyriums – zeichnete sich endlich ein Weg aus dieser Ohnmacht ab. Ich war zwar schon einige Jahre zuvor mit der Methode des „Familienstellens“ in Kontakt gekommen, diese Therapieform hatte aber damals keine spürbare Heilung in unsere Familie gebracht. Deshalb hatte ich diese Art von Therapie nicht länger verfolgt und zögerte nun auch, mich dieser Form der Therapie noch einmal anzunehmen. Doch dann entschloss ich mich, mich noch einmal intensiv diesem Thema zuzuwenden.

War das ein weiterer Weg zur Heilung?

Um die Therapie des Familienstellens nachvollziehen zu können, ist es wichtig, sich mit der Seele des Menschen zu beschäftigen.

Der Seelenbegriff hat in der Philosophie viele unterschiedliche Interpretationen gefunden. Da die Seele aus der allumfassenden Einheit kommt, sind alle Menschen geistig miteinander verbunden. Deshalb können auch Seelen, die bereits gegangen sind, nach wie vor in ein Familiensystem hineinwirken. Meine Sichtweise ist die, dass die Seele der Teil ist, der den Körper von innen belebt. Sie ist erfüllt von göttlicher Liebe.

Jeder Mensch erlebt seelische Kontakte im Umgang mit anderen Menschen. Wenn zwei Menschen sich begegnen, dann berühren sich auch ihre Seelen, jedoch in unterschiedlicher Intensität. Wenn eine Seele sich entscheidet, zu inkarnieren, wieder auf die Erde zurückzukehren, dann bringt sie ihre Erfahrung aus früheren Leben und auch die Seelenkontakte aus früheren Begegnungen in das neue Leben mit. Das sind dann die Momente, wo wir Menschen begegnen, von denen wir das Gefühl haben, dass wir sie schon lange kennen, die uns von der ersten Minute so vertraut sind. Im Verlauf des

Lebens wird unsere Seele dann von unseren Eltern, von unseren Mitmenschen und durch Ereignisse geprägt. Nach meiner heutigen Erkenntnis bin ich überzeugt, dass Katastrophen aus Sicht der Seele die beste Chance für ihre Weiterentwicklung sind.

Obwohl ich zunächst wenig gute Erfahrungen gemacht hatte, war ich jetzt bereit, mit Hilfe der Therapie des Familienstellens einen weiteren Schritt in die Heilung zu tun.

> Das Wahrnehmen unserer Verletzungen kann
> uns den Weg aus unserer Ohnmacht in die
> Eigenmacht weisen.
>
> *Pamela Katharina Körner*

26

Wir erleben nicht nur die Ereignisse, die für uns vorgesehen sind, wir treffen auch mit den Menschen zusammen, die für uns eine Bedeutung haben. Im Herbst 2007 traf ich Manuela Sumser zum ersten Mal. Sie ist heute meine Freundin und Kollegin – und durfte durch sie und mit ihr erfahren, welche Kraft und welche Heilwirkung die Therapie des Familienstellens entfaltet. Für mich und für meine beiden Mädchen.

Die Therapie des Familienstellens ist nur schwer erklärbar und für Außenstehende nicht klar nachvollziehbar, die Eigenheit dieser Methode ist meines Erachtens nur über die praktische Erfahrung vermittelbar. Es gibt innerhalb einer Familie besonders starke seelische Bindungen, die zum Familiensystem gehören. Über diese Bindungen werden auch schicksalshafte Ereignisse von Generation zu Generation weitergegeben. Meist tragen Kinder aus Liebe zu ihren Eltern deren Schicksal.

Die Therapie erfolgt mit Hilfe von Stellvertretern, die für Familienmitglieder aufgestellt werden und die deren körperliche, emotionale und gedankliche Situation nachempfinden. Das Unbewusste tritt in Erscheinung.

Manuela Sumser arbeitet schon seit vielen Jahre sehr erfolgreich mit dieser Art der Heilung. Ich habe sie gebeten, in ihren Worten von unserer Begegnung, von ihren Eindrücken und detailliert über meine Familienaufstellung zu berichten. Hier ist ihre Schilderung (zum besseren Verständnis sind Namen, wenn es sich um die jeweiligen Stellvertreter handelt, in An- und Abführungszeichen gesetzt):

Es war zweifellos eine schicksalhafte Begegnung: Pamela Katharina Körner begegnete mir das erste Mal privat, in einer Menschenmenge, die gedrängt auf einer Penthouse-Terrasse über den Dächern von Baden-Baden in der Kälte standen, um den Geburtstag eines gemeinsamen Freundes zu feiern. Diese große und doch zerbrechliche Frau, die plötzlich in meinen Blick geriet, fiel mir sofort auf. Zwei kleine Mädchen gehörten zu ihr. Eine strahlende Erscheinung, angespannt, erschöpft, verletzlich und stark. Eine besondere Energie ging von ihr aus, die mir eigenartigerweise vertraut war.

„Die hat auch ein Kind verloren, so wie du“, raunte mir jemand zu und dann verstand ich, warum sie mich so in den Bann gezogen hatte. Sie war wie „Phoenix aus der Asche“, es war

diese besondere Kraft, die ein Mensch nach seinem persönlichen Untergang entwickelt, wenn er es schafft, sich wieder ins Leben zu kämpfen durch alle Wellen des Schmerzes, der Trauer – aus einem Leben, das man so nicht mehr will und an dem man zu zerbrechen drohte.

Es war die mir nur allzu gut bekannte Verletzlichkeit der Mütter, wenn sie ein Kind zu Grabe tragen müssen, und die strahlende Kraft einer Frau, gestählt durch unendliche Prüfungen, die ihr das Schicksal auferlegt hatte.

Eine persönliche Vorstellung brauchte ich nicht, ich ging einfach zu ihr hin, ich spürte ja, dass sie offen war. Durch Tod verletzte Eltern machen entweder ganz zu und verbarrikadieren sich, oder sie kämpfen sich durch, bleiben emotional offen und sind fragiler als je zuvor in ihrem Leben. Sie verlieren so viel mehr als ihr Kind, das ganze Leben ist aus den Fugen, alles verändert sich.

Ja, das kannte ich. Wir kamen sofort ins Gespräch, natürlich sofort auf das Wesentliche. Unsere Unterhaltung war kurz, aber intensiv, wir tauschten unsere Adressen aus, es war ein klarer kühler Tag und es war windig, wir froren mit unseren Sektgläsern in der Hand, die ersten Blätter wurden braun und begannen über die Straßen zu tanzen, es war der Herbst 2007.

Es sollte mehr als zwei Jahre dauern, bis wir uns wieder begegneten. „Erinnerst du dich an Pamela", fragte mich eine Schülerin eines Tages, „die, die auch ihren Sohn verloren hat!?" Natürlich erinnerte ich mich!

Nach einer nicht überzeugenden Erfahrung mit der Familienaufstellung bei einer anderen Seminarleitung hatte diese Schülerin Pamela Katharina überzeugt, es doch noch einmal zu versuchen, obwohl diese damals mit dieser Methode nichts mehr zu tun haben wollte. Aus ihrem Bericht weiß ich, dass sehr mental und mit vorgegebenen Lösungssätzen gearbeitet wurde, auch gegen den Widerstand der Stellvertreter und nicht wirklich im Einklang mit den seelischen Energien. Die Leitung habe wohl Angst gehabt vor der Dimension dieser Aufstellung. So war die Aufstellung flach geblieben und ohne Wirkung in der Tiefe.

Man kann sicher nachvollziehen, dass nicht jeder in der Lage ist, sich der emotionalen Wucht und der Dramatik dieser traumatisierten Familie auszusetzen. Es braucht sehr viel Erfahrung, Unerschrockenheit und Vertrauen in die guten Kräfte, die so eine Aufstellung auch bewegen. Wer mit traumatisierten Menschen arbeitet, muss belastbar sein und Sicherheit vermitteln.

Trotz eines gewissen Widerstandes kam also unsere zweite Begegnung zustande und Pamela Katharina kam als meine Klientin zu mir.

Erst da begriff ich wirklich die Tragweite des Unfalles, den sie mir schilderte. Es waren nicht nur ihr Sohn, sondern auch ihr Mann und ihr Bruder tödlich verunglückt! Und es gab einen Fahrer, durch dessen zu schnelles Fahren das Unglück ausgelöst worden war. Der beste Freund des Lebensgefährten! Es waren tragische Umstände und für mich aus systemischer Sicht hochkomplexe Zusammenhänge, die es mit viel Sensibilität und Wertfreiheit erst einmal anzunehmen und zu verstehen galt.

Pamela Katharina, offensichtlich sehr erschöpft und verzweifelt, kam mit einem klaren Auftrag zu mir. „Meine Tochter Lina schreit und schreit und ich bin an der Grenze meiner Belastbarkeit, unsere ganze Familie fällt auseinander. Ich weiß nicht

mehr, was ich tun soll. Ich kann nicht mehr!"
Sie war sehr aufgelöst und hilflos. Ich erklärte ihr kurz, wie ich in der Einzelaufstellung arbeite und welche Möglichkeiten wir haben. Ich würde selbst stellvertretend in die verschiedenen Rollen gehen und ihr alles schildern, was ich erleben würde, bis entweder keine Informationen mehr kämen, die Dynamik klar oder die Rolle für mich zu belastend wäre.

Generell kann es zu starken Gefühlen kommen, bis hin zu körperlichen Schmerzen, zu Bildern und Eingebungen, zu Wahrnehmungen in allen Bereichen, manchmal auch der Organe, von neurologischen Vorfällen usw. Alles ist Energie, alles ist Information, und natürlich speichert auch unser Körper seine Erfahrungen.

Wir stellten also sie und die beiden Mädchen in einer Einzelaufstellung auf. Meine sensible Wahrnehmungsgabe hatte ich schon als Kind, was lange Jahre schwer für mich war. Sie dient mir heute auf besondere Weise und erleichtert mir diese Arbeit. Durch die jahrelange Erfahrung und dem eigenen Erleben Tausender von verschiedenen Rollen habe ich Zugang zu vielen wesentlichen innerseelischen Dynamiken, in gewisser Weise Kontakt zum Unbewussten dieser Person. Diese Informationen stehen mir in hoher Detaildichte zur Verfügung und zeigen häufig mit großer Klarheit die Ursache von Symptomen.

Wir machten also eine Symptomaufstellung: Schreianfälle waren das Symptom, es war ebenfalls als eigene Position mit aufgestellt. Ich machte eine Art „energetische Erstanamnese", ging in die Rollen, um den Ist-Zustand der Personen zu erfahren und um die größten Dringlichkeiten zu erfassen. Was für ein Kampf tobte in diesem Kind Lina und was konnte es besänftigen oder erlösen? Wie konnte ich schnell diese Situation entlasten, sodass schlimmere Folgen für diese kleine, zerbrechliche

„Restfamilie" verhindert werden konnten?
In der Rolle meiner Klientin konnte ich deutlich ihre Kraft spüren, die vor allem aus einem Versprechen mit sich selbst stammte: Ich schaffe das! Ich schaffe das! Was auch immer kommt, ich bleibe stehen! Sie fühlte sich an wie eine Kriegerin in einem verbrannten Land, die eisern stehen bleibt, und deren einziges Ziel allein das Stehenbleiben war, mit aller Kraft, mit aller Gewalt, ihren lebenden Kindern zuliebe. Es war ein archaisches, ein erschütterndes und zutiefst beeindruckendes Gefühl.

Dass sie an der Grenze war, wurde ebenfalls deutlich, und dass allein das Stehenbleiben im Leben angesichts so vieler Toter, die sie geliebt hatte, alle ihre Kraft forderte. Für Gefühle gab es nicht allzu viel Raum. Sie war immer noch eine Überlebende. Und sie war wütend, wütend auf die Unterlassungen, Vertrauensbrüche und gnadenlosen Oberflächlichkeiten in ihrem privaten Umfeld. „Euch zeig ich es! Mich haut nichts mehr um!" Auch das war ein Teil ihrer Kraft.

Zu den Kindern hin hatte ich in ihrer Rolle wenig Gefühl außer dem Bedürfnis, sie zu halten, ja, einfach stehen zu bleiben. Als ich in ihrer Rolle auf das Symptom schaute, löste allein der Anblick große Hilflosigkeit, Angst und Aggression aus. Angst um das Kind und um dessen geistige Gesundheit.

In der Rolle von Lina selbst hatte ich rasende Kopfschmerzen und starrte auf den Boden, sah nur „meinen" (also Linas) toten Bruder und fühlte eine furchtbare Sehnsucht nach ihm. Gleichzeitig spürte ich, dass man mir erzählt hatte, Karl sei jetzt bei Gott, sei ein Engel. Wahnsinnige Wut auf diesen Gott erfüllte mich, mit diesem zerstörerischen „lieben Gott" befand ich mich im Krieg. Dieser „Scheiß-Gott" sollte mir meinen Bruder zurückgeben, er gehörte uns und nicht ihm. Er hatte uns betrogen! Ich hätte Stunde um Stunde schreien können vor Wut und

Hilflosigkeit. Es fühlte sich an wie ein Vulkan mit gewaltigen Eruptionen, die keine Linderung brachten. Der Kopfschmerz wurde unerträglich.

Als ich das erwähnte, bestätigte Pamela Katharina sofort, ja, Lina klage häufig über schreckliche Kopfschmerzen. In der Rolle war der Schmerz tatsächlich so massiv, als würde jeden Moment der Kopf platzen. Gleichzeitig begann der Rücken zu schmerzen, es wurde so schlimm, dass ich in der Rolle gebeugt wurde und mich wie in einer Art Schraubstock fühlte, wieder hätte ich schreien können vor Schmerz. Genau das war ja das, was Lina tat. Der Zug zu ihrem geliebten Bruder Karl, einem sonnigen, wachen kleinen Kerlchen, an dem sie mit all ihrer kindlichen Hingabe als damals knapp zweijährigem Mädchen gehangen hatte, war extrem. Es fühlte sich an wie eine Art energetischer Verschmelzung zwischen den beiden, zwischen dem lebenden Mädchen, inzwischen sechs Jahre alt, und dem verstorbenen Bruder. Sein kurzes Leben hatte nur knapp vier Jahre gedauert. Mir wurde klar, dass Lina die körperliche Erfahrung des Bruders in sich trug, den Schock des Unfalls und des plötzlichen Todes.

Ich ging aus der Rolle heraus, um mich mit Pamela Katharina darüber zu unterhalten. Ich fragte sie nach den genauen Vorgängen während des Unfalls. Aus den gerichtsmedizinischen Berichten konnte sie mir erzählen, dass der kleine Junge einen starken Aufprall auf den Kopf gehabt hatte und dass seine Wirbelsäule zusammengestaucht worden war. Das waren genau die Symptome, die ich in der Rolle von Lina gehabt hatte! Und es gehörte zu Karl! Es war also wichtig, dass wir durch die Aufstellung eine Ordnung herstellten, also klar definierten, welche Erfahrung zu wem gehört und wer wer ist. Wir mussten die beiden sozusagen energetisch aus einer Art Symbiose lösen. Linas Seele identifizierte sich mit Karls körperlicher Erfahrung seiner letzten Lebensmo-

mente. Das war ein erstaunliches und erschütterndes Ergebnis. Wir stellten also Karl, den kleinen verstorbenen Bruder, mit auf, in Wirklichkeit der große Bruder, denn er ist und bleibt ja das erstgeborene Kind, und stellten durch Lösungssätze, die sehr bewegend waren und mich in den Rollen zu einigen Tränen rührten, die Ordnung wieder her. Diese Erfahrung gehörte zu Karl, nicht zu Lina, und so konnte sich das traumatische Erleben, das Lina aus Liebe, aus Sehnsucht und –ohne es zu wissen – von ihrem Bruder übernommen hatte, zurückziehen dahin, wohin es gehörte: zu Karl.

Die Seelen der Kinder sind in der Regel sehr offen für die heilsamen Impulse. Das Lösen und Freisetzen gebundener Energien durch traumatische physische Erfahrung oder emotionaler Erstarrung, hier unbewusst übernommen von jemand anderem, kann sich in den Kindern, die selbst während der Aufstellung nicht dabei sind, schnell bemerkbar machen.

Pamela Katharina berichtete bereits wenige Tage nach der Aufstellung, dass Lina deutlich entspannter sei, keine Kopfschmerzen mehr habe und auch nicht mehr so über ihren Rücken klage. In der Aufstellung hatte ich in Linas Rolle deutlich gespürt, dass ich wärmende Hände brauchte, Massagen, dass ich Streicheleinheiten wollte am Rückgrat entlang und heilende Liebe am Nacken und am Kopf. So gab es klare Hinweise über das, was Lina brauchte, und Pamela Katharina hatte Lina wieder viel Zeit gewidmet. Schuldgefühle blieben nicht aus. Wieder kam Anna zu kurz! Wie so oft. Aber endlich war mehr Ruhe im Haus und es fühlte sich an, als wäre ein normaler Alltag nun möglich. Auch Pamela Katharina brauchte dringend Ruhe und Erholung.

Und es gelang. Eine schöne Erholungspause lang. Einige Tage, wenige Wochen.

Dann ging es weiter. Lina begann wieder zu schreien. Nicht so oft, nicht so lang, aber sie schlug wieder um sich, konnte keine Nähe zulassen, blieb gefangen in einem verzweifelten Kampf, sich selbst zu finden in den vielen Energien, die in ihr tobten, die sie permanent überforderten und einen extrem hohen Stresszustand in dem kleinen Körper verursachten.

In der Rolle des Symptoms hatte ich genau diese Gefühle gehabt, und ich hatte spüren können, wie dieses kleine Mädchen darum rang, in diesem dramatischen Potpourri übernommener Gefühle als „ICH“ nicht unterzugehen. Gott sei Dank, muss man sagen, hatte sie das Ventil des Schreiens gehabt, möglicherweise hätte sich ihre Persönlichkeit gespalten auf die Dauer. So konnte sie sich immer wieder entladen, die Dramatik kanalisieren, den Wahnsinn austoben und wegschlagen in furchtbaren, lang anhaltenden Ausbrüchen, die für meine Klientin kaum noch zu ertragen waren. Immer wieder äußerte Lina auch, dass sie tot sein wolle, und schrie nach ihrer Mutter, die doch neben ihr war. Mit Worten war sie nicht zu erreichen, mit körperlicher Nähe auch nicht. Wir brauchten also wieder eine indirekte Lösung über die Methode der Familienaufstellung.

Unsere erste Arbeit, wie so oft in so einer komplexen Geschichte, war also eine Art „erste Schicht“ gewesen. Eine kurze Pause für das strapazierte Kind. Dass wir mit Hilfe der Aufstellung etwas für Lina und die ganze Familie tun konnten, erfüllte mich mit großer Dankbarkeit, es war klar, dass ein Mensch, der diesen Kräften zu lange ausgesetzt ist, auch verrückt werden kann, in krankhafte Abspaltungen von Persönlichkeitsanteilen geraten kann, die, bei genauem Hinsehen, gar nicht Linas Persönlichkeitsanteile waren, sondern wieder fremde, also übernommene Gefühle.

Ich ahnte, dass Lina für ihre Mutter schrie, die sich in einem archaischen Kampf der Gewalten, der Schöpfung und der totalen Vernichtung befand, und ich begann zu verstehen, aus welchem Stoff die großen Opern und Dramen entstanden sind: aus einem totalen Kampf zwischen Leben und Tod, aus Untergang und Auferstehung.

Langsam tasteten wir uns voran. Lina musste unbedingt entlastet werden! Es war dringend für alle Beteiligten. Vorsichtig äußerte ich meine Vermutung gegenüber Pamela Katharina. „Hast du eine Vorstellung davon, wie sehr Lina dich liebt? Ich vermute, sie schreit für dich."

Ich kann mich noch gut an ihr fassungsloses Gesicht erinnern. Entsetzen war in ihrem Blick zu lesen. Dann schossen ihr die Tränen in die Augen. Sie hatte verstanden. Ich weinte mit ihr, es gab keine Worte mehr für das, was wir in dem Moment teilten. Sie waren auch nicht nötig.

Die Entscheidung war bereits getroffen und der nächste Schritt stand an. Eine weitere Aufstellung, dieses Mal in der Gruppe. Diese Entscheidung für die Gruppe hatte ich aus mehreren Gründen getroffen: Ich als selbst betroffene Mutter habe meine Grenzen, und auch das Aufstellen in der Einzelarbeit hat Grenzen, hier brauchten wir erfahrene Stellvertreter für das gesamte Gefüge, für das ganze Geschehen.

Ich lud sie ein, als besonderer Gast mit einem besonderen Fall in eine schon länger bestehende Ausbildungsgruppe zu kommen. Diese Gruppe bot einen starken Boden, die Teilnehmer kannten sich gut, das Vertrauen und die gegenseitige Wertschätzung waren sehr groß. Durch viele gemeinsame Aufstellungen war deren Wahrnehmung gut geschult. Das würde eine erschütternde Arbeit werden, die ich nur erfahrenen Schülern zumuten wollte, die ihre Grenzen gut kannten und sich nicht überfordern würden. Frauen und Männer, von denen ich wusste, dass sie solche schweren Rollen aushalten können, und die auch ich gut kannte.

Das gegenseitige Vertrauen war für diese Aufstellung unabdingbar, alle Teilnehmer waren seelisch darauf vorbereitet und freuten sich, heilsam mitwirken zu dürfen, alleine durch ihre Bereitschaft, für eine Zeit lang sich dem auszusetzen, womit meine Klientin und ihre kleinen Mädchen täglich leben mussten. Hier ging es um eine schwer traumatisierte Familie, um viele Tote, um viele unterdrückte Gefühle, die zwar zum Überleben reichten, nicht aber zu einem Leben mit voller emotionaler Kraft. Es ging um Verstrickungen, übernommene Traumata, Nachfolgedynamiken, unerlöste Gefühle dem Fahrer gegenüber.

Wir würden uns an die Grenzen des Erträglichen und jenseits dieser Grenzen bewegen, um diese kleine Familie zu unterstützen. Den Fahrer würden wir nicht ausklammern dürfen, die Folgen jenes schicksalsschweren Tages, die Folgen einer Entscheidung, getroffen heraus aus Lust am Leben, aus einer Idee, einer Spritztour mit dem besten Freund.

Eine Herausforderung an die Gruppe? Eine Zumutung auf jeden Fall. Eine Überforderung? Nein, es war eine gute und die einzig richtige Entscheidung! Trotz einer schlechten Erfahrung mit der Gruppenarbeit hatte ich Pamela Katharinas volles Vertrauen.

Außer den Eckdaten hatten die Teilnehmer so gut wie keine Informationen, in den vielen Jahren des Aufstellens hat sich bestätigt, dass es sich am besten mit wenig Informationen arbeiten lässt, jenseits von Bildern oder Vorstellungen und frei von Interpretationen. Meine Klientin kam während der Mittags-

pause dazu, wir hatten vereinbart, dass sie kommen könne, aufstellen und direkt im Anschluss nach einer Erholungspause, vielleicht einem Spaziergang, wieder gehen.

Sie fühlte sich auf Anhieb wohl in der Gruppe, kannte schon ein, zwei der TeilnehmerInnen, und nach einer kleinen Vorstellungsrunde begannen wir mit der Aufstellung.

Untergang und Auferstehung – gemeinsam durch die Hölle: Wir stellten zuerst die jetzige Kernfamilie auf, also für Pamela Katharina, Lina und Anna jeweils eine Stellvertreterin. Später stellten wir weitere Stellvertreter auf. Ab jetzt nenne ich nur noch die Namen der betroffenen Personen.

„Anna" wirkte relativ stabil, sie stand für sich und war isoliert. „Lina" war voller Schmerz und hatte einen suchenden Blick, starrte dann auf den Boden, äußerte, dass sie ihren Bruder so schrecklich vermisse und begann zu weinen. Auch „Anna" begann jetzt still vor sich hin zu weinen. Die Stellvertreterin von Pamela Katharina stand schwankend mit starrem Blick neben den Kindern, konnte keinen Kontakt aufnehmen. Es war deutlich, dass sie an der Last, die auf ihr lag, zu zerbrechen drohte. Obwohl der Unfall schon fünf Jahre her war, und sie tapfer ihr Leben und das ihrer Mädchen meisterte, das Leben trotz schwerer Momente auch wieder liebte, war alles noch da, tief gespeichert im Unbewussten.

Ich ließ weitere Mitglieder in die Rollen der Verstorbenen gehen, es war klar, dass wir sie mit aufstellen würden. Für Karl, den Sohn. Für Stephan, den Bruder von Pamela Katharina. Für Kai, den Lebensgefährten von Pamela Katharina und Vater der drei Kinder.

Das Gesicht von „Pamela Katharina“ verzerrte sich immer mehr, sie rang um Luft, sie begann immer mehr zu schwanken und drohte umzufallen, gleichzeitig fasste sie sich an die Brust, als würde sie etwas zerreißen. Es war ein dramatischer Vorgang, der lange dauerte und meine ganze Konzentration und Präsenz erforderte. Sie begann schwer zu atmen, dann zu stöhnen. Ich bat sie, langsamer und tiefer zu atmen und beim Ausatmen Töne von sich zu geben. Sie nickte und setzte sofort meine Anweisungen um. Andere Teilnehmer schlossen auf meinen Blick hin die Fenster, es würde laut werden. Man konnte förmlich spüren, mit welcher Wucht der unterdrückte Schmerz in ihr tobte.

„Stephan“ stand währenddessen ruhig am Rand, hatte am Anfang lediglich geäußert, dass es ihm gut ginge.

Den seit langem eingeschlossenen Schrei begann die Stellvertreterin langsam zu erlauben, bei jedem Ausatmen wurde sie lauter und ließ dann den schrecklichen Schmerz zu. Die Todesnachricht, die Pamela Katharina das Herz zerrissen hatte, als sie damals erfuhr, ohne Vorbereitung, dass alle drei umgekommen waren. Verunglückt. Alle drei waren tot. Verbrannt! Ihr Schreien war entsetzlich und dauerte etwa drei bis vier Minuten. Dabei drohte sie zusammenzubrechen, wollte auf den Boden sinken. Ich hielt den Kontakt zu der Stellvertreterin und fragte sie zwischendurch, ob sie die Rolle noch halten könne. Jedes Mal nickte sie, so wusste ich: sie kann sich das zumuten und damit umgehen, sie ist sich bewusst, dass sie in einer Rolle ist und kann die Erfahrung kontrollieren, also auch abbrechen, wenn es für sie zuviel würde.

Als sie wieder tiefer in die Rolle von Pamela Katharina ging, äußerte sie Sätze wie: „Ich kann nicht mehr. Ich will nicht mehr leben, ich habe keine Kraft.“

Es wurde eine Tendenz sichtbar, sich zu dem toten kleinen Sohn zu legen. Mit ihm war auch sie gestorben – innerlich.

Zur Stabilisierung bat ich jemanden aus der Gruppe, in die Rolle ihres Vaters zu gehen und sich hinter sie zu stellen. Das Schreien wurde wieder stärker und ihr „Vater", selbst so schwer getroffen, hatte er doch seinen Sohn, seinen Enkel und seinen Schwiegersohn in spe verloren, war immerhin in der Lage, sie so zu halten, dass sie nicht vollkommen den Verstand verlor. Es war ein erlösender und doch furchtbarer Moment für die ganze Gruppe, auch für mich als Leiterin, ich glaube, niemand blieb trockenen Auges.

Gleichzeitig brach Linas Stellvertreterin schluchzend über „Karl" zusammen, der sich kurz, nachdem er aufgestellt worden war, auf den Boden gesetzt hatte. „Ich bin so traurig, Karl. Ich möchte so gerne wieder mit dir spielen", äußerte sie mehrfach.

„Kai", der verunglückte Vater der Kinder, stand am Rande des Geschehens, immer mit dem Blick auf „Pamela Katharina", überfordert und unruhig. Man konnte ihm ansehen, dass ihm der Zustand von „Pamela Katharina" sehr nahe ging und er darauf wartete, in Kontakt zu ihr zu kommen. Als die Welle des Schmerzes verebbt war und ihr Atmen ruhiger wurde, bat ich „Pamela Katharina" die Augen zu öffnen und sich umzuschauen. Als sie „Kai" erblickte begann sie von neuem zu weinen, der ebenfalls so reagierte. In einer langsamen Annäherung fassten sich beide an den Händen, über das ganze dramatische Geschehen hinweg, auch der Bruder von „Pamela Katharina", „Stephan", lag inzwischen auf dem Boden. Dieser Händedruck war wie ein Versprechen über die Grenze hinweg: „Ich schaffe das." Man konnte spüren, dass Liebe da war bei beiden und großes Bedauern über das Geschehen. Es war sehr bewegend, das mitzuerleben. Vielleicht war nicht alles gut gewesen, das

kann sein, aber das Tiefere war hier sichtbar: Liebe und Verbindung.

Von hier aus sah sich „Pamela Katharina" weiter um, gestützt vom „Vater". Das erste Mal gerieten ihre Mädchen in ihren Blick. „Lina" bei „Karl" auf dem Boden, „Anna" völlig überfordert alleine am Rande.

Bisher gefangen in der traumatischen Erstarrung, war die seelische Bindung zu den Mädchen unterbrochen gewesen. Erst jetzt, nach der dramatischen Entladung, konnte sie ihre lebenden Kinder tatsächlich wahrnehmen. Wie oft hatte Lina nach ihrer Mama geschrieen, obwohl diese doch neben ihr gestanden war, stundenlang! Sie hatte sie nicht spüren können. Bis heute war das nicht möglich gewesen.

Während dieser Aufstellung saß Pamela Katharina selbst am Rand und schaute entsetzt dem Geschehen zu, weinte bitterlich dabei. Zu sehen, wie tief in ihr alles noch da war, wie sehr ihre Todessehnsucht noch unbewusst gespeichert war, wie unerreichbar sie für ihre Kinder und für das Leben gewesen war, hatte sie tief erschüttert. Eine Teilnehmerin, die Pamela Katharina gut kannte und aus diesem Grunde nicht in der Aufstellung mitwirken wollte, kümmerte sich um sie und hielt sie während der ganzen Aufstellung fest in den Armen. Sie war gut aufgehoben, wir hatten ab und zu Blickkontakt und sie nickte mir still zu: „Ja. Mach weiter. Ich schaffe das."

Es war herzzerreißend. Alle zusammen gingen wir hier weit über die Grenze des Erträglichen, in der Hoffnung, dass diese liebenswerte kleine Familie durch unser Mitwirken Entlastung, stärkere Bindung und vor allem wieder ins Leben finden würde. Selbst beim Beschreiben dieser Momente kommen mir die Tränen, vor Mitgefühl und vor Dankbarkeit, dass es ein Instru-

ment wie die Familienaufstellung überhaupt gibt, und welch ein Segen sie für so vom Schicksal getroffene Menschen sein kann.

Langsam kam der Stellvertreterin Pamela Katharinas, die in einen wacheren Zustand zurückfand, ins Bewusstsein, dass „Lina“ Hilfe brauchte, und sie konnte sich ihr nähern, in dem sie gemeinsam den toten kleinen Jungen streichelten und weinten. Nach einer Weile fand sie die Kraft, sich aufzurichten und Lina fast gegen ihren Willen hochzuheben und mit sich zu nehmen. „Anna“ stand nach wie vor verloren herum, hatte sich inzwischen aber „Stephan“, dem Onkel genähert.

Es begann ruhiger zu werden, man konnte spüren, dass das Leben wieder zu fließen begann und das ganze Energiefeld sich entspannte.

Wieder verzerrte sich das Gesicht der Stellvertreterin und sie geriet in große Spannung, begann im Raum zu suchen. Es war noch nicht vorbei. Der Moment war gekommen, den Fahrer des Fahrzeuges aufzustellen, den damals besten Freund von Kai.

Eine weitere Zumutung für alle Beteiligten. Sie stellte selbst den Fahrer in die Aufstellung dazu. Kaum in der Rolle, begann der Stellvertreter zu weinen. Völlig fassungslos schaute er auf die Verstorbenen, vor allem auf „Karl“, fast brach er unter der Last zusammen.

„Pamela Katharina“, mit starrem und hasserfüllten Blick, war auf diesen Mann fixiert. Sein Schmerz erreichte sie nicht. Er war schuld! In ihrer Fixierung war sie unerreichbar. Hass bindet stärker als Liebe, das konnte man hier deutlich sehen. Doch es hilft niemandem, am wenigsten der Person, die hasst. Es bindet alle Energien, Energie, die sie dringend zum Leben brauchte für sich und ihre lebenden Kinder!

Ich stellte ohne weitere Worte das „Schicksal" auf. Ja, es gab eine Art richterlichen Schuldspruch, das ist richtig. Aber wem hilft das in der Tiefe? Hier offensichtlich niemandem.

Das Anerkennen, dass größere Kräfte auf uns wirken, die uns auch in Besitz nehmen, zerstörerisch auf uns und unser Leben wirken können, war hier der einzige Weg. Sich dem unterzuordnen als etwas Größerem und so einen Weg zu finden, der herausführt aus "Richten und Sühne fordern", das hat wahre Größe und ist der Schlüssel für die Versöhnung mit ebendiesem: dem Schicksal.

Sobald das Schicksal aufgestellt wurde, konnte sich die Starre, der Hass, in dessen Knechtschaft sie gefangen geblieben war über die Jahre, lösen. Sofort veränderte sich ihr Gesicht und der Schmerz des Fahrers, dessen Blick sich nicht lösen konnte von den Toten, erreichte sie endlich. Auch er trauerte, Kai war sein bester Freund gewesen! Karl dessen erstes Kind! Auch ihn hatte er geliebt. Natürlich! Seine Seele weinte um all die, die bei dem tragischen Unglück umgekommen waren. „Pamela Katharina" ging zu ihm hin. „Ich sehe und achte deinen Schmerz", das konnte sie endlich sagen. „Du bist schuld." Auch das sagte sie, ruhig und klar. „Und das musst du tragen." Sie konnte ihn offen anschauen. Auch er konnte den Blick halten.

Es war ein ruhiger klärender Vollzug, ohne Anklage oder Vorwurf. Erst danach konnte sie sich endlich ihren Kindern zuwenden.

„Anna" war zutiefst erlöst, als ihre Mutter sich endlich um sie kümmern konnte und weinte erleichtert in ihren Armen. „Lina" kam ebenfalls zu ihrer Mutter, alle standen eine Weile so. Nach wie vor hielten die Kinder die Mutter, die immer wieder einknickte.

Ich ließ sie sagen: „Ich entscheide mich neu für mein Leben. So wie es jetzt ist." Nach einer Weile sagte sie das mit Kraft und man konnte sehen, dass sie sich endlich erlaubte, wieder zu leben. Vor den Augen der Verstorbenen, für die es eine große Entlastung war und Ruhe brachte. Frieden.

Danach konnte sie freier atmen und sich aufrichten. Als ihr Stand fest genug war, schaute sie ihre beiden Mädchen an. Der Blick war warm und mütterlich. Sie strahlte Kraft und Liebe aus. Endlich war sie da. GANZ da! Ihren Kindern sagte sie: „Ich bleibe am Leben. Ich bin die Mama. Ich bin groß und ihr seid klein und ich kann euch halten. Und wenn es jetzt gut weitergeht, dann auch Karl, Kai und Stephan zu Ehren."

Die ganze Aufstellung lief über die Stellvertreter. Am Ende ließ ich Pamela Katharina selbst ihren Platz einnehmen, sodass sie aus der Perspektive des Lösungsbildes alles sehen und spüren konnte. Es war ein friedliches und kraftvolles Bild. Ein lichtes Strahlen ging von ihr aus. Freude, am Leben zu sein. Freude, das auch zu spüren. Dankbar und zutiefst erschöpft beendeten wir diese Aufstellung, die knapp zwei Stunden gedauert hatte.

Viele Menschen sind auf unterschiedliche Weise traumatisiert und bestens in der Lage, damit zu leben. Jeder hat seine individuelle Form der Aufarbeitung, jeder seinen eigenen „Bodensatz" an schweren oder belastenden Erfahrungen, handelt es sich doch auch um das Konzentrat unseres Lebens, das für unsere persönliche Weiterentwicklung sorgt.

Manchen Menschen wächst nach schweren Schicksalsschlägen eine besondere Kraft zu, nach dem Motto: Entweder gehst du unter oder du wächst über dich hinaus. Dazwischen gibt es nichts. Die meisten charismatischen und erfolgreichen Menschen haben schwere Biographien, sie mussten besonders kämp-

fen, vieles durchstehen um dort zu sein, wo sie heute stehen. Sich mental immer wieder auf das Positive, Tragende, Gute in ihrem Leben ausrichten. Jeder Lebensmoment birgt auch Geschenke in sich. Du musst sie nur finden. Es ist eine Frage der Perspektive.

So wird auch verständlich, wie jemand wie Pamela Katharina in der Lage war, über Jahre hinweg eine hervorragende Arbeit zu leisten mit betroffenen Familien in der Trauerbegleitung, Vorträge zu halten, emotional „da zu sein" für andere in ihren schwersten Augenblicken des Lebens.

Schaut man den Fall von Pamela Katharina genauer an, mit dem Blick auf systemische Hintergründe, kann man erkennen, wie die klassische systemische Verstrickung entsteht: Ein Familiensystem bricht durch ein furchtbares Unglück auseinander. Die Mutter ist schwer getroffen, kann das im Grunde nicht bewältigen.

Wäre auch sie zusammengebrochen, wären beide Mädchen elternlos geworden. Also springt ein Kind ein und trägt mit, um zu helfen, das System zu erhalten. Die Mama darf nicht zusammenbrechen, sonst gehe ich auch unter. Wiederum klassisch: Lina, die Erstgeborene von Zwillingen, hatte sich mit den Gefühlen der Mutter identifiziert und übernommen.

Nur ein oder zwei Minuten unterscheiden die Geburtszeit der beiden, dennoch ist sie die Erstgeborene und wie so oft diejenige, die sich verstrickt. Den unbewältigten Schmerz der Mutter hatte sie unbewusst aus Liebe auf sich genommen, bis sie daran fast zerbrach und das Schreien begann. So erklärt sich auch, dass Pamela Katharina gut im Leben stand, mit voller Überzeugung sagen konnte: Ich bin wieder glücklich. Lina hatte ja das Schwere für sie getragen!

Mütter und Väter, die tief an das verstorbene Geschwister gebunden sind, sind häufig seelisch für ihre lebenden Kinder nicht spürbar. Diese befinden sich dann in einer Art emotionalem Vakuum. Auch das war hier der Fall gewesen. Zusätzlich zu den eigenen Gefühlen war Lina mit Karl identifiziert gewesen, hatte die Gefühle der Mutter aufgenommen und in sich getragen und stand gleichzeitig „alleine" damit da, denn die Mutter war emotional nicht wirklich erreichbar.

Erst durch das Schreien und durch die Suche nach Hilfe konnte sich zeigen, was alles im System los war. Und es konnte sich auf dieser tiefen Ebene noch einmal etwas erlösen, für alle Beteiligten ein Segen. Alles hat seine Zeit, und offensichtlich war die Zeit, nach mehr als fünf Jahren, reif gewesen.

Es war die Erlösung!

Erlösung für Lina, Anna und mich, aber auch für die Seelen von Karl, Kai und Stephan. Ich war und bin zutiefst beeindruckt, bewegt und berührt von diesem einzigartigen Erlebnis der Familienaufstellung, das uns allen so sehr geholfen hat auf dem Weg zur Heilung. Und ich bin von ganzem Herzen dankbar dafür. Ich danke von ganzem Herzen Manuela Sumser und den Frauen und Männern, die es in der Gruppe auf sich genommen haben, unser Schicksal stellvertretend für uns zu durchleben. Das Thema ließ mich nicht mehr los, ich begann 2010 eine intensive Ausbildung in der Therapie des Familienstellens und werde mich hierzu auch in Zukunft ständig weiterbilden.

Manuela Sumser hatte mit der Methode des Familienstellens in kürzester Zeit sehr gute Erfolge in meinem Familiensystem erreicht. Nach fünf Jahren hatte ich endlich jemanden gefunden, der mir sagen konnte, weshalb Lina schrie und wie wir ihr helfen konnten. Lina zeigte mir jeden Tag meinen Schmerz – ich wusste es nur nicht.

Nach der Aufstellung in der Gruppe hatte Lina nie mehr einen Schreianfall. Die Liebe, die von diesem Tag an zwischen uns floss, wurde nahezu greifbar. Dieses Gefühl der Liebe und tiefen Verbundenheit zu meinen Kindern war einer der glücklichsten Momente in meinem Leben. Anna und Lina zeigten und zeigen mir noch heute unverschleiert meine Wunden und Defizite, und damit habe ich die Chance, jeden Tag mehr an mir zu heilen. Je mehr ich mir mein Verdrängtes anschaue und heile, desto mehr komme ich in meine volle Kraft, in meine innere Klarheit und auch wieder in die Fähigkeit zu fühlen. Durch das Integrieren blockierter, isolierter Gefühle bekam meine Liebesfähigkeit eine andere Dimension, weil etwas, was mich jahrelang blockiert hatte, aufbrechen durfte.

Und deshalb weiß ich auch, dass meine Kinder mir einen großen Dienst erweisen. Denn ohne Linas auffälliges Verhalten wäre ich weiterhin mit einem Teil unverarbeiteten Schmerzes durchs Leben gelaufen. Doch durch sie wurde in mir noch einmal viel geheilt. Diese Erfahrung wirft in mir die Frage auf, ob nicht viele andere Kinder, die den Stempel „verhaltensauffällig“ tragen, nicht vielmehr die Probleme der eigenen Eltern spiegeln. Dann wäre es besser, die Erwachsenen würden den Mut finden, einmal bei sich zu schauen, anstatt auf die Probleme ihrer Kinder, denn es könnten ihre eigenen sein.

Wenn wir Erwachsenen uns heilen, dann heilen wir ein ganzes System. Wir heilen uns, unsere Beziehungen, damit haben unsere Kinder die besten Voraussetzungen für eine gute seelische Entwicklung. Diese Kinder prägen als Erwachsene unsere Welt. Das ist für mich die größte Motivation, Verdrängtes aufzuarbeiten.

> Wenn du dich heilst, dann heilst du deine Beziehung, damit heilst du die Kinder und schließlich heilst du die Welt.
>
> *Eva-Maria Zurhorst*

27

Die Traumatisierung in unserer Familie und die Traumaheilung erweckten meine Neugier für dieses Thema. Die Traumatologie füllt ganze Bücher, ich werde hier leicht verständlich erklären, was auf der körperlichen und seelischen Ebene abläuft, wenn ein Mensch ein traumatisches Erlebnis hat und warum es meines Erachtens so wichtig ist, sich so gut wie möglich von einem Trauma zu heilen. Ich werde hier nur das Wichtigste über Trauma und seine Folgen aufzeigen.

Das Wort Trauma bedeutet Verletzung. Diese kann sowohl auf körperlicher als auch auf psychischer Ebene stattfinden. Das Wahrnehmen, Fühlen, Denken und Erinnern funktioniert nicht mehr normal. Eine beängstigende oder bedrohliche Situation wirkt sich nicht auf alle Menschen gleich aus. Was bei dem einen Menschen Spuren eines Traumas hinterlässt, bewirkt bei einem anderen nur eine Stresssituation oder belastende Erfahrung. Hier spielen nicht nur Alter und Lebenserfahrung eine Rolle, sondern auch frühere traumatische Erlebnisse.

Ein Trauma wirkt vor allem auf der Gefühlsebene. Der Mensch ist emotional sehr aufgewühlt, Gefühle wie Ohnmacht, Hilflosigkeit, Ausgeliefertsein prägen seine Gefühlswelt.

Eine Traumaerfahrung bewirkt eine dauerhafte Veränderung in Körper, Geist und Seele. Nach meinem heutigen Wissen bin ich überzeugt, dass die Folgen einer Traumaheilung nicht vollständig verschwinden. Wenn wir um unsere Verletzung wissen, können wir lernen, mit den dazugehörigen Gefühlen umzugehen, was sich sehr positiv auf unser Leben auswirken wird.

Durch ein traumatisches Erlebnis verändert sich unser Selbstbild wie auch der Blick auf die Welt. Ein Traumaerlebnis schwächt und macht verletzlich. Ich kann aus meiner eigenen Erfahrung sagen, dass ich mich bis heute sehr verletzlich fühle, dass ich aber in eine Stärke gefunden habe, von der ich nicht wusste, dass ich sie in mir habe. Diese ist allerdings erst zum Vorschein gekommen, als ich anfing, mich von meinen Traumatas zu heilen. Die Energie, die ich früher dafür aufwand, um meinen Schmerz zu unterdrücken, konnte jetzt in positive Bahnen gelenkt werden.

Man unterscheidet zwei Traumatypen.
Traumatyp 1: Darunter fallen plötzliche Ereignisse von kurzer Dauer, zum Beispiel schwere Verkehrsunfälle, Vergewaltigung, Naturkatastrophen.
Traumatyp 2: Dies sind langanhaltende, sich wiederholende Ereignisse, darunter fallen körperliche Misshandlungen, sexueller Missbrauch oder Mobbing.

Es kommt aber auch bei den Menschen zu einer Traumatisierung, die mit ansehen müssen, wie andere Menschen leiden oder sterben müssen. Jahre später habe ich erfahren, dass die Helfer am Unfallort meiner Familie psychologische Begleitung in Anspruch nehmen mussten.

Das Traumaerleben kann man in zwei Phasen untergliedern: Das unmittelbare Erleben der Traumasituation ist von Angstgefühlen geprägt, die zu einer Überwachheit aller Sinne führt, um der bedrohlichen Situation entfliehen zu können. Auf der körperlichen Ebene kommt es dabei zu einer Ausschüttung von verschiedenen Hormonen, die die körperliche Leistungsfähigkeit steigern. Es wird ein Ausweg gesucht, um der bedrohlichen Situation zu entkommen. Da diese Phase nicht zum Erfolg führt, kommt es zu einer Schockreaktion, welche die motorischen und sensorischen Überreaktionen und Gefühlsausbrüche abrupt unterbricht. Auf diese Art und Weise wird der Tod durch Übererregung (z. B. Herzinfarkt) verhindert und die körperlichen und seelischen Schmerzen werden betäubt. Diese Betäubung kann zu ‚nicht mehr fühlen können' und sich ‚nicht mehr spüren können' führen. Ich weiß von mir heute, dass ich viele Jahre nicht lieben konnte, weil ich nicht wirklich fühlen konnte.

Es gibt mehrere Möglichkeiten, sich innerlich aus der Traumasituation zurückzuziehen. Diese können sein:

- Wahrnehmungsblockade: Die traumatisierte Person befindet sich wie in einem Vakuum. Ich selber fühlte mich wie unter einer Glasglocke.
- Einfrieren der Gefühle: Die betroffene Person wird emotionslos. Für das Umfeld sind diese Menschen nicht mehr emotional erreichbar. Dies ist besonderes beim Tod eines Kindes für eine Familie so verheerend, weil die Ehe droht, an den erstarrten Gefühlen zu zerbrechen, und für die Geschwisterkinder ist der Fluss der Liebe von den Eltern zu ihnen lebensnotwendig. Die betroffene Person lässt auch keine positiven Gefühle mehr zu, weil sie Angst hat, sie könnte auch wieder mit den schmerzhaften Gefühlen in Berührung kommen.

- Aufspaltung der Persönlichkeit. Ein Teil trägt die traumatische Erfahrung, der andere Teil bleibt heil. Das ist die Erklärung dafür, dass auch traumatische Menschen ihr Leben weiterhin meistern können.

Die Folgen einer traumatischen Erfahrung sind vielfältig. Sie bestehen darin, dass die betroffene Person nur noch wenig fühlt und wie betäubt sein Leben führt. Die alltägliche Aufgaben, die automatisch ablaufen, werden weiterhin ausgeübt, was für die Außenwelt den Anschein hat, das der traumatisierte Mensch das Geschehene gut verarbeitet und überwunden hat. Tatsächlich aber versucht der traumatisierte Mensch, seiner Traumaerfahrung zu entfliehen, sie ‚unspürbar' zu machen. Er versucht mit allen Mitteln, Distanz zum Erleben des Traumas zu schaffen und Überlebensregeln zu finden. Die „Überlebensanteile" sind in vollem Einsatz.

Aber auch wenn die Erinnerung aus dem Bewusstsein erfolgreich verdrängt wird, so bleibt sie doch im Unterbewusstsein und in bewusstseinsferne Gehirnareale sowie in den Zellen unseres Körpers gespeichert. Aus dem Unterbewusstsein kann jederzeit das Traumaerlebnis wieder hochkommen, nämlich dann, wenn die betroffene Person mit einer ähnlichen Situation konfrontiert wird. Diese wird von dem traumatisierten Menschen hochdramatisch erlebt, für sein Umfeld ist die „übertriebene Reaktion" nicht nachvollziehbar.

Meiner Meinung nach sind Traumaerfahrungen unter anderem die wesentliche Ursache von Suchtformen. Es ist der Versuch, die traumatische Erfahrung und die damit verbundenen Gefühle zu unterdrücken, traumabedingte Symptome wie Angst und Schlaflosigkeit zu bekämpfen oder auch um der inneren Leere zu entfliehen. Auch Depressionen können meiner Meinung nach die Folge von nicht verarbeiteter

Trauer sein. Weitere Folgen können sein: Gewichtsprobleme, Schlaflosigkeit, Suizidgedanken.

Die Heilung von Traumaerfahrungen halte ich aus mehreren Gründen für essentiell. Zum einen werden Traumaerfahrungen durch seelische Bindungen von einer Generation zur nächsten weitergegeben. Meist werden Kinder in die traumatischen Erlebnisse der Eltern mit verstrickt. Des Weiteren ist es meiner Meinung nach wichtig, die abgespaltenen Gefühle wieder zu integrieren, um wieder fühlen und lieben zu können. Nicht zuletzt kann es durch nicht verarbeitete Trauer zu körperlichem und seelischem Schmerz kommen. Es geht darum, wieder ganz zu werden, um körperlich und seelisch in seine Kraft zu kommen.

"Die Zeit heilt alle Wunden" – dies ist ein Satz, den ich schon einige Male zu hören bekam. Dies trifft meines Erachtens auf traumatische Erlebnisse nicht zu. Gerade der Tod eines Kindes hat eine Dimension, die Außenstehende nur erahnen können. Der Schmerz verändert sich, das kann ich bestätigen, aber er ist nach wie vor in mir. Ich werde mein ganzes Leben lang um Karl trauern. Trotz dieser Erkenntnis sollten wir so gut wie möglich versuchen, uns zu heilen. Die Abspaltungsprozesse zum „Wegdrücken" des Traumas aus dem Bewusstsein ins Unterbewusstsein verbrauchen psychische Kraft und erschöpfen die Energiereserven. Der Mensch fühlt sich mehr und mehr „ausgebrannt". Je länger die betroffene Person damit beschäftigt ist, die kranken Anteile in sich in Schach zu halten, um sich einigermaßen stabil zu halten, desto mehr Energie verbraucht der traumatisierte Mensch. Manche Menschen entkommen dieser „Schwere" nur mit Suizid. Bei der Traumaheilung geht es letztendlich darum, eine schlimme Erfahrungen in eine seelische Kraft zu verwandeln. Hinter dem Schmerz wartet die Liebe darauf, wieder gefühlt zu werden.

> Man gewinnt an Stärke, wenn man weiß, dass
> man Kummer hat und ihn ertragen kann.
>
> *Anne Morrow Lingbergh*

28

Nach dieser mich tief berührenden Erfahrung des Familienstellens und den so positiven, heilenden Auswirkungen auf uns alle berichtete ich einigen verwaisten Eltern von meinem Erlebnis, die mir daraufhin auch von einer mangelnden Bindung zu ihren lebenden Kindern und zum Partner berichteten. Auch sie hatten ein „verhaltensauffälliges" Kind, das sie dazu bewog, auf die Suche nach Therapien zu gehen, und dennoch lebten auch sie ein „gutes" Leben.

Sie alle machten eine Familienaufstellung, es zeigte sich ein ähnliches Bild wie bei mir, und auch sie sprachen danach von einer „Heilung" in ihrer Familie. Auch ihre Kinder wurden entlastet und zwischen den Eheleuten kam ebenfalls wieder die Liebe ins Fließen. Für jede Familie war dieser Prozess erst einmal schmerzhaft, aber sie würden es alle wieder tun – so wie ich auch. Menschen mit einer Traumatisierung können dennoch ein gutes Leben führen, und hätten wir keine Kinder gehabt, die uns unsere Wunden spiegeln, dann wären auch wir Eltern nicht in diese tiefe Heilung gekommen. Kinder können uns helfen, unsere Geschichte zu heilen.

Angesichts dessen, welch' Unglück mir und meinen beider Töchtern widerfahren war, befand ich mich mit Sicherheit bereits vor meiner persönlichen Erfahrung in Familienstellen in einem sehr guten Zustand, ansonst hätte ich weder als Therapeutin, noch als Trauerbegleiterin im Hospiz arbeiten können. Beide Aufgaben setzen eine gute seelische Verfassung voraus, denn es kostet viel seelische und körperliche Kraft, den Schmerz andere Menschen auszuhalten und sie in ihrem Trauerprozess zu begleiten. Jeder Mensch hat trotz aller schwierigen Lebensumstände auch gesunde seelische Strukturen in sich. Wenn der Widerstand der Überlebensanteile immer mehr nachlässt, können die gesunden Anteile wirken. Von Jahr zu Jahr kam ich kontinuierlich immer mehr in meine Kraft und lernte hinzuschauen, Verdrängtes sichtbar werden zu lassen, denn mein wichtigstes Ziel war Heilung für meine Kinder und mich.

Aber die Familienaufstellung hat mir auch gezeigt, dass Heilung immer nur Schicht für Schicht geht. Wir tragen eine Schicht ab, dann können wir wieder gut weitergehen – so lange, bis die nächste Schicht bearbeitet werden darf.

Schon in meiner Kindheit habe ich immer wieder mit meinen schmerzhaften Ereignissen gehadert. Heute, rückblickend, helfen mir meine Erfahrungen von damals, meine Klienten besser zu verstehen. Ich kann so gut mitfühlen, weil ich alles selbst auch einmal erlebt habe. Ich bin der Überzeugung, dass ein Therapeut seine Patienten nur dann wirklich erkennt und versteht, wenn dieser sich mit seinen eigenen Traumatas auseinandergesetzt hat. "Mitfühlen können" verbindet. Meine Arbeit mit Klienten und auch der Austausch mit Kollegen hat mir gezeigt, dass der Therapeut meist von dem Klienten aufgesucht wird, der ganz ähnliche „Wunden" zu verzeichnen hat.

Und natürlich hat alles seine Zeit im Leben. Ich konnte aber auch erst jetzt, mit meiner heutigen seelischen Stabilität, meinem starken ICH, das Bild der Aufstellung „aushalten". Erst jetzt war ich reif für diesen „Quantensprung" der Heilung. Noch einmal durfte ein großer Teil an Schmerz von uns gehen. Nach dieser starken „emotionalen Entladung" hat mein Leben noch einmal eine andere Qualität bekommen. Ich bin noch mehr in die Liebe zu meinen Kindern, zu mir und zu meinem Leben gekommen.

Lassen wir nach einiger Zeit das Vergangenen ruhen. Wir sollten der Vergangenheit nur Aufmerksamkeit schenken, wenn es in ihr etwas gibt, was festhält, oder um Kraft aus ihr zu schöpfen. Es ist wichtig, die Toten in einer Familie zu würdigen, ihnen einen Platz zu geben, aber sie dann auch ruhen zu lassen.

Ich werde oft gefragt, wie man den „Sinn seines Lebens" findet. Ich war viele Jahrzehnte auf der Suche. Heute hinterfrage ich wichtige Ereignisse, wenn ich auf der Suche nach Sinn bin. Schon damals, kurz nach dem Unfall, fragte ich mich immer wieder, was es zu bedeuten hat, dass der Tod so massiv an meine Tür klopfte. Was will mir das Leben sagen, wo soll ich hinschauen? Was kann ich, was soll ich aus einem Ereignis lernen?

Wie steinig mein Weg auch sein sollte, ich gehe ihn immer weiter, Schritt für Schritt, irgendwann werde ich erfahren, warum ausgerechnet ich diesen Weg gehen musste. Oftmals wird der Sinn erst zu einem späteren Zeitpunkt sichtbar. Alles hat seine Zeit im Leben. Verzagen wir nicht, wenn uns manche Dinge nicht gelingen. Ich bin heute sehr froh, dass ich damals das Medizin- und Zahnmedizinstudium abgebrochen habe und sich auch sonst manche Herzenswünsche nicht erfüllten, denn dann wäre ich nicht da, wo ich heute bin. Es wird der Tag kommen, da wird man stolz auf sich sein, dass man immer wieder aufgestanden ist. Dieses Aufstehen führt in eine Kraft, um die manch einer einen beneiden wird. Es ist hilfreich, in Krisensituationen zu wissen, wie viel man tragen kann. Krisen sind dann schlimm, wenn wir sie für uns und unser Leben nicht genutzt haben. Sinn kann man nicht kaufen, zu ihm gelangen kann man nur durch Erkenntnisse. Jedes Leben mit seinen Ereignissen hat Sinn und macht Sinn – nicht nur, wenn wir „Großartiges“ leisten. Ein Blick aus liebenden Augen, eine Berührung in Liebe, ein liebevoller Satz können die Seele eines anderen berühren, seine Gedanken und sein Verhalten verändern – und vielleicht sein Leben?! Mein Weg der Entwicklung ist hier nicht zu Ende, ich werde weitergehen, mich neugierig dem Leben öffnen. Ich werde wieder Erfahrungen machen. Neue Erkenntnisse – ich hoffe, die meisten werden schön sein – werden mich beflügeln. Selbst wenn sie erst einmal auch schmerzhaft sein sollten, werden sie dennoch mein Leben bereichern – ich weiß heute, wie viel ich doch ertragen kann. Meine Seele wird auch daran wieder wachsen dürfen. Das ist für mich der Sinn meines Lebens. Unsere Seele ist unendlich kostbar, mit großer Liebe und Hingabe werde ich mein Bestes tun, damit sie mehr und mehr in ihre Entfaltung kommt.

Meine Erkenntnisse und Erfahrungen gebe ich heute gerne weiter, weil ich weiß, worauf es ankommt, wo man hinschauen muss, damit eine Familie trotz des Todes eines Familienmitgliedes wieder glücklich werden kann – dem Leben zugewandt. Mein Liebe gilt besonders den Kindern, weil sie oft aus Liebe zu den Eltern mittragen – so wie es bei mir auch der Fall war.

Wenn ich heute über mein Leben nachdenke, dann denke ich auch mit großer Freude und Dankbarkeit an die schönen, die glücklichen Momente, die ich erfahren durfte. Glück ist für mich, die Botschaften zu verstehen, die mir das Leben jeden Tag schickt, und es gab viele kleine und große Augenblicke, die mich glücklich machten. Auch in meiner Kindheit – obwohl ich sie nicht als schön in Erinnerung habe – gab es Glück für mich. Dass ich mich an meine ersten Lebensjahre nicht gerne erinnere, liegt nicht alleine an meinen Eltern. Ereignisse, für die meine Eltern nichts konnten, erschütterten meine Seele und prägten meinen Seelenzustand. Ich weiß, sie taten ihr Bestes, wie ich es auch heute bei meinen Kindern versuche – wohl wissend, dass auch ich Fehler mache. Besonders durch meinen Vater konnten mein Bruder und ich eine andere Seite des Lebens unbeschwert erleben. Mein Vater hat immer sehr viel gearbeitet und hat meinem Bruder und mir dadurch ein Leben ohne große materielle Sorgen ermöglicht.

Auch in der Zeit mit Kai klopfte das Glück oft an. Dazu gehörten wunderschöne Reisen mit ihm und ich erlebte mit ihm und durch ihn oft das Glück der Unbeschwertheit. Die Urlaube mit der ganzen Familie, und später dann mit den Kindern allein, erfüllen mich ebenso mit Glück. Der Sonnenuntergang auf Sylt, in der Sonne zu liegen und die Wärme zu fühlen, oder Momente der Stille, die mich mit dem Gefühl von Glück und Dankbarkeit erfüllen. Aber auch schöne, lustige und manchmal inspirierende Begegnungen mit Menschen machten und machen bis heute mein Leben lebenswert. Es ist auch ein Glück, zu erkennen, wenn das Glück vor einem steht.

Ich selbst habe aber auch festgestellt, dass das Gefühl des Glücks eine unterschiedliche Intensität haben kann. Es gab Momente in meinem Leben, die mein Herz zutiefst berührt haben und mich mit tiefer Dankbarkeit und Demut erfüllten. Augenblicke, in denen ich mich gesegnet fühlte. Da war etwa der Moment, als ich erfahren habe, dass ich schwanger bin. Von diesem Tag an zu wissen, dass ein Mensch in meinem Körper wächst und es von Monat zu Monat mehr zu spüren, erfüllte mich mit großer Dankbarkeit. Ich liebte es, schwanger zu sein, vielleicht auch deshalb, weil beide Schwangerschaften absolut problemlos verliefen. Die Geburt meiner Kinder, sie das erste Mal im Arm zu halten, berührte mein Herz zutiefst. Auch wenn die Seele von Karl nur kurze Zeit bei uns war, so war es doch ein Segen, dass sie da war. Bis heute sind meine schönsten Glücksmomente mit meinen Kindern verbunden. Durch sie wird an jedem Tag die bedingungslose Liebe spürbar. Ich hätte sehr gerne noch einmal einem Kind das Leben geschenkt.

Glück ist für mich, lieben zu können und geliebt zu werden.

In der Zeit nach dem Unfall gehörten zu meinen glücklichsten Momenten die Augenblicke der Erkenntnis, mein Erwachen und der daraus entstandene Weg. Zu immer mehr Bewusstheit zu gelangen, immer besser wahrnehmen zu können und immer mehr wieder in das Gefühl zu kommen, mich wieder zu spüren und zu erspüren, dass ich wieder lieben kann. Ich war noch nie so lebendig. Ich bin heute öfters glücklich als früher – weil ich heute vieles mehr zu schätzen weiß. Nichts auf dieser Welt ist selbstverständlich.

Wenn mir heute Gutes widerfährt, dann frage ich mich manches Mal: „Hab ich einfach nur Glück gehabt?“ Nein, es ist mehr als Glück – ich fühle mich wieder einmal gesegnet. Das Leben hat mir viel genommen, aber es beschenkt mich auch immer wieder.
Aus dem Akt der Zerstörung ist ein Leben voller Liebe, Freude, Glück, Dankbarkeit und Demut entstanden.

Meine Liebeserklärung an mein Leben.

Ich muss nicht lange überlegen, wenn ich heute gefragt werde, wie ich rückblickend über mein bisheriges Leben denke.
Es war mein Weg, um den Sinn meines Lebens zu erkennen.
Es war mein Weg, die Botschaften des Lebens zu verstehen.
Es war mein Weg, mich mit dem Tod auseinanderzusetzen.
Es war mein Weg, um zu lernen, wie ich mit Verlusten umgehen kann.
Es war mein Weg, um in die Kraft zu kommen und um Klarheit zu erlangen.
Es war mein Weg, um zu lernen, Wichtiges von Unwichtigem zu unterscheiden.
Es war mein Weg, der mich hin zu Werten und Ethik führte.
Es war mein Weg, um von der Oberflächlichkeit weg, hin zur Tiefe des Lebens zu gelangen.
Es war mein Weg, der mich zu meinen Sehnsüchten, Fähigkeiten und Potenzialen führte.
Es war mein Weg, der mir meine Stärken und Schwächen bewusst machte.
Es war mein Weg, Menschen und ihr Leben zu berühren.
Es war mein Weg, wieder in die Liebe zu mir und zu anderen zu kommen.
Es war mein Weg, um zu erfahren, wie viel ich doch tragen kann.
Es war mein Weg, Mitgefühl und Toleranz zu entwickeln.
Es war mein Weg, um zur Gelassenheit zu gelangen.
Es war mein Weg, zu Erkenntnissen zu gelangen, die ich heute weitergeben kann.
Es war mein Weg, der mich in die Dankbarkeit und die Demut dem Leben gegenüber führte.
Es war mein Weg, um zu erkennen, dass es sich immer lohnt, für sich und sein Leben zu kämpfen

Es war der Weg meiner Seele, um in ihre Entwicklung zu kommen.
Es war mein Weg, um zu meinem wahren ICH zu gelangen.
Es war mein Weg, mit vielen Umwegen, einigen Sackgassen, holprig und steinig. Ich bin oft hingefallen, mal lag ich länger am Boden, mal stand ich schneller wieder auf. Im Nachhinein bin ich sehr dankbar, dass ich immer wieder die Kraft hatte aufzustehen, sonst hätte ich den Sinn meines Lebens nie erfahren.

> Der Sinn des Lebens ist es, seinen Sinn des Lebens zu finden.
>
> *Tiziano Terzani*

Liebe Leserin, liebe Leser,

ich wünsche Ihnen von Herzen, dass Sie nie in eine Situation kommen, in der Sie – auf welche Art und Weise auch immer – in Schmerz, Trauer und Leid gefangen sind. Wenn dies aber doch einmal geschehen sollte oder Sie bereits ähnliche Erfahrungen haben machen müssen, dann würde ich mir wünschen, dass es einen Satz, einen Gedanken oder eine Bemerkung in diesem Buch gibt, der Sie berührt hat, der Ihnen ein klein wenig helfen konnte auf dem Weg der Heilung, der Sie in Ihrem Leben ein Stück weiterbringt.

Vielleicht geben Ihnen meine Zeilen in diesem Fall auch erst einmal „nur" ein Stück Hoffnung und Mut, um weiterzugehen – auch dann ist der Sinn dieses Buches erfüllt. So hätte ich meinen Kindern und mir mit dem Wissen von heute sehr viel Leid, Schmerz und Konflikt ersparen können.

Es ist mir durchaus bewusst, dass ich mich in diesem Buch sehr weit geöffnet und mein Innerstes nach außen getragen habe, dass ich offen und ehrlich meine tiefsten Verletzungen und meine Wege der Heilung aufgezeigt, dass ich mich damit angreifbar und verletzbar gemacht habe – aber mein Bedürfnis aufzuklären ist größer als meine Angst vor Verletzungen. Ich stehe heute zu mir und dem, was alles in meinem Leben war. Ich stehe zu meinen Schwächen und lebe meine Stärken. Meine schonungslose Offenheit soll Ihnen auch zeigen, dass wir meistens unsere Wunden nicht kennen und dass auch ich geglaubt hatte, überlebt zu haben und doch noch lange nicht geheilt war. Es ist nicht meine Absicht anzuklagen, zu verurteilen oder zu verletzen. Alle Menschen, die bisher meinen Weg gekreuzten haben, hatten Botschaften, die für meine und ihre Seelenentwicklung notwendig waren.

Mir erscheint meine Offenheit als einzige Möglichkeit, andere Menschen zu berühren und somit in ihnen und damit auch in ihrem Leben etwas zu bewegen.

Wer die Herausforderung, sich mit dem Tod auseinanderzusetzen, annimmt, wird unendlich belohnt. Von dem Moment an, an dem ich den Tod nicht mehr als Mysterium in eine dunkle Ecke zu verbannen versuchte, bin ich meiner Lebendigkeit wieder ein Stück näher gekommen. In dieser Spur des Todes ist ein erfülltes Leben entstanden. Leben und Tod gehören zusammen wie Tag und Nacht: Es ist ein Kreislauf. Schließe ich den Tod aus, schließe ich das Leben und damit auch die Lebendigkeit aus.

Ein Grauen vor dem Tod habe ich heute nicht mehr. Er ist heute vielmehr ein bewusster Teil meines Lebens. Mein Lebensgefährte, mein Bruder und mein Sohn sind tot. Anna, Lina und ich leben hier noch weiter, wie lange auch immer – dann sterben wir auch. Ich kenne den Tod heute besser denn je. Als ich ihn verstanden habe, konnte ich mich mit ihm versöhnen.

In den ersten Jahren bin ich immer wieder durch schmerzhafte Täler gegangen, und dennoch kann ich heute, fünf Jahre nach dem Tod meiner Familie, sagen, dass die Auseinandersetzung mit dem Tod mein Leben auch bereichert hat. Jetzt denken Sie möglicherweise: „Wie kann der Gedanke an den Tod bereichernd sein? Er ist grausam, schwarz, ungebeten!" So sah ich den Tod viele Jahre auch. Aber der Gedanke – auch an den eigenen Tod – hat noch eine andere Seite: Er hat mich an den Sinn des Lebens geführt, weg von der Oberflächlichkeit und hin zu der Tiefe des Lebens, zu dem, was wirklich wichtig ist. Er zeigte mir, was mein Herz erfüllt und meine Seele nährt.

Und noch etwas: Der tragische Tod meiner Familie hat mich auch mit all meinen Verlusten aus der Vergangenheit in Kontakt gebracht. Ein neuer Verlust kann die anderen vergangenen, unverarbeiteten Verluste ans Licht bringen. Die Trauer von heute brachte mich mit dem Schmerz aus meiner Vergangenheit in Berührung. Durch den Tod meiner Familie war mein Innerstes offengelegt. In mir war alles aufgerissen, aber gerade dadurch hatte auch alles andere aus der Vergangenheit die Chance, gesehen und damit geheilt zu werden.

Der Preis dafür war sicherlich viel zu hoch. Aber das Leben, das Schicksal hat mich nicht gefragt. Jetzt ging es nur noch um mein Leben und um das meiner Kinder, um Heilung und um Frieden in meinem Herzen. Ich suchte nach Wegen zurück ins Leben. Ich wollte nicht irgendeine traurige, trostlose, schwarze Existenz. Meine Kinder sollten trotz dieses schweren Verlustes eine schöne Kindheit haben mit einer glücklichen Mutter. Meine Kinder waren und sind bis heute mein größter Antrieb, unsere Familie zu heilen.

Das Leben ist unsicher, wir wissen nicht, was es für uns bereithält. In meinen Krisen und an meinen Krisen bin ich am meisten geistig und seelisch gewachsen. Sie haben mich an meine tiefsten Verletzungen und an meine Sehnsüchte geführt, aber auch mir nicht bekannte Fähigkeiten kamen ans Licht. Sie zwangen mich erst einmal in die Knie, ich musste dort hinschauen, wo ich immer weggeschaut habe, ich musste lernen, meinem Inneren zuzuhören. Meine Krisen führten mich zu meinem wahren Ich.

Am tiefsten Punkt unserer Verletzbarkeit und Verwundbarkeit haben wir die größte Chance, unserem weiteren Leben wieder mit neuer, anderer Stärke zu begegnen.

Ich wünsche mir, dass Sie durch dieses Buch einen Weg finden, der Sie liebevoll durch die Trauer begleitet und Sie zu der Erkenntnis führt, eines Tages Ihr Leben wieder willkommen heißen zu können, es wieder lieben zu können. Ich wünsche mir, dass ich Sie neugierig auf sich selbst und auf Ihr Leben gemacht habe, dass Sie erkennen, dass vorhandene Konflikte und Schmerz in Ihrer Familie entstanden sind, dass aber auch in Ihrer Familie die heilenden Kräfte für Sie und ihr Leben liegen. Ich wünsche mir, dass Sie in dieser Situation auch den Mut entwickeln, sich dem, was in Ihrem Leben war, zu stellen, hinzuschauen, damit es gelöst und somit geheilt werden kann.

Wir müssen annehmen, was ist, damit sich irgendwann die Versöhnung vollziehen kann und unsere Kinder es nicht für uns weitertragen müssen.

Wenn ich durch die Schilderung meines Weges dazu beitragen kann, dass eine Seele entlastet wird und dadurch in ihre Kraft kommt, dann hat sich ein großer Wunsch erfüllt.

Herzlichst
Ihre
P. Katharina Korne

Danke

Als Erstes möchte ich mich bei Gott bedanken, denn bei allem, was war, hat er mich immer gut beschützt und dafür gesorgt, dass ich nicht an meinem Schmerz zerbrochen bin. Ich danke ihm, dass er mir nach dem Unfalltod meiner Familie die Kraft gegeben hat, weiterzugehen und mich heute mit diesem glücklichen Leben beschenkt. Ich bin ihm unendlich dankbar für meine gesunden Kinder, für meine Gesundheit, für unseren Wohlstand und für das Glück, das wir erfahren durften und heute auch immer wieder erfahren.

Mein Dank gilt insbesondere Kai, Karl und Stephan, deren Seelen mir einen großen Dienst erwiesen haben. Ihnen habe ich meine Entwicklung zu verdanken. Mein Geschenk an sie ist, dass ich ihre hinterlassenen Spuren weiterführe und dadurch das Leben anderer berühre und, so hoffe ich sehr, bereichere. Ich habe meinem Leben nach ihrem Tod mehr Bedeutung gegeben und damit ehre ich sie und ich verneige mich vor ihrem Schicksal.

Mein Dank gilt meinen Eltern, weil sie mir das Leben schenkten. Ausdrücklich möchte ich auf diesem Weg meinem Vater und seiner Lebensgefährtin danken, die mich besonders in den letzten Jahre auf ganz wunderbare Weise immer unterstützen, und ohne deren „Babysitter-Job“ meine vielen Ausbildungen, Schulungen nicht möglich gewesen wären.

Mein besonderer Dank gilt hier meiner lieben Freundin Carolin Leuchtner, die mich von der ersten Minute unseres Kennenlernens an unterstützte, förderte und mir Türen öffnete.

Meiner Ausbilderin sowie Therapeutin für „Familienaufstellung“ und mittlerweile auch Freundin Manuela Sumser möchte ich einen großen Dank aussprechen. Sie hat einen großen Anteil an unserer und meiner Heilung. Die Arbeit mit ihr hat mich noch mehr in meine seelische Kraft gebracht. An der Entstehung dieses Buches ist sie maßgeblich beteiligt. Sie hat mich unterstützt bei dem Gedanken, dieses Buch zu schreiben, sie hat mir immer wieder Mut gemacht weiterzugehen, wenn mir auch immer wieder Zweifel kamen.

Ich möchte in meinem Dank auch jene Menschen nicht unerwähnt lassen, die es mir schwer im Leben gemacht haben, die meine Situation nach dem Unfall ausgenutzt haben, und auch diejenigen, die mich auf groß und blond reduziert haben und meine Ausbildungen in den letzten Jahren mit einem müden Lächeln kommentierten. Auch sie haben mir alle zu meiner inneren Klarheit und meiner Kraft von heute verholfen.

Ich danke all den Menschen, die mich immer unterstützten auf meinem Weg, und die mir mit Liebe, Respekt und Wertschätzung gegenübergetreten sind.

Franz Ruppert: Trauma, Bindung und Familienstellen. Klett-Cotta

Franz Ruppert: Verwirrte Seelen, Kösel Verlag

Bert Hellinger: Ordnungen der Liebe, Carl-Auer-Verlag

Bert Hellinger: Ordnungen des Helfens, Carl-Auer-Verlag

Bert Hellinger: Wie Liebe gelingt, Carl-Auer-Verlag

Osho: Angst, Goldmann Arkana

Bickel/D.T.Flammer: In meinem Herzen die Trauer, Herder Verlag

Institut für spirituelle Sterbe-und Trauerbegleitung. Veetman Masshöfer

Uwe Sanneck, Trauerbegleiter im Kinderhospiz Sternebrücke, Hamburg

Mechthid Schröter-Rupieper: Für immer anders, Schwabenverlag

Deborah Cornell: Das Leid umarmen, Silberschnur

Impressum

Pamela Katharina Körner: Leben in der Spur des Todes.
Der Unfalltod meiner Familie und die Reise ins Leben danach

www.schmetterling-karl.de

2. Auflage 2016

Printed in Germany

Seite 134 - 152 „Die Familienaufstellung“: Auszug aus „Leben mit ganzer Kraft – Vom Segen des Familienstellens“ von Manuela Sumser. Mit freundlicher Genehmigung der Autorin.

Fotos: Privatarchiv Pamela Katharina Körner

Umschlagfoto Titel: AQUENSIS/Annette Dresel

Umschlagfoto Rückseite: Tom Möres, mit freundlicher Genehmigung von www.lifestyle-pictures.de

Foto Klappe hinten: Dr. Thomas Fütterer, mit freundlicher Genehmigung

Umschlaggestaltung und Satz: Karin Lange, www.seeQgrafix.de

Druck: naberDruck GmbH, Hügelsheim

ISBN 978-3-937978-72-7

www.aquensis-verlag.de · www.baden-baden-shop.de